U0647431

环球时报年度评论选

（2018）

谢戎彬 谷 棣 主编

人民出版社

序　言

当前国际局势正在出现重大和深刻的变化。从 1991 年苏联解体、冷战结束以来的 28 年中，国际秩序的调整和内在的动荡还从来没有像今天出现这么多的调整和内在的紧张关系。原因当然是多方面的，至少三个因素正在发挥着举足轻重的影响。

首先，美国变了，也搅动了世界的变。特朗普政府上台并非只是美国政治史上简单的"另类党政"。特朗普对美国需要减少对世界担负"美国责任"的执着，对美国应该高举"美国优先"旗帜、重新以美国的利益和标准"再全球化"的偏执，以及要求制造业投资返流美国的狂热，正在让世界面对一个和以往执着奉行自由国际主义价值和原则明显不同的美国。特朗普政府"退群"也好，扬言要从叙利亚和阿富汗撤军也好，还是要求欧亚的美国盟友增加军费和更多分担美国驻军费用也好，还是率先承认耶路撒冷和戈兰高地都是以色列的国土，今天的美国正在带来世界政治的"特朗普冲击"。

其次，美国"没变的"，正在让世界变得不得不"变"。特朗普政府对中国发动的贸易战和挥舞的贸易霸凌主义大棒，不仅让世界贸易组织（WTO）变得难以适从，也让各种全球性问题所迫切需要加强的全球治理进程正在面临重大倒退。再加上特朗普政府宣布退出中导条约（INF），退出伊朗核协议，转而建立"天军"，让外太空武器化，增建"网军"，开发低当量核武器系统和推出新的大规模"造舰"计划，这样的美国其实正是我们熟悉的美国，是对维持美国的霸权地位和影响力永远十分执着的美国。对付这样的美国，我们既要斗争，还需要适应。今天的世界，依然是国际权力结构正在发生变化但本质上是美国主导的"单极体系"的世界。

最后，冷战结束近28年来的世界秩序，在全球化的推动下，获得了世界范围内经济和社会的长足发展。但全球化潮流之下，不同地区、不同国家内部的利益分配出现了新问题，贫富分化加剧和政府福利开支的分配结构的不合理，正在引发新的社会争议和政治冲突。全球化进程中价值体系所强调的自由、开放，以及对接受难民和移民的人道主义救济和社会保障，带来了伊斯兰势力新的全球蔓延，西方国家内部种族、宗教和社会福利分配等问题产生的对立深化。其结果，从拉美到欧洲，从北美大陆到东南亚，极端的右翼保守势力正在重新崛起，"白左"正在成为一种重新苏醒和崛起的政治力量。全球范围内种族、宗教等传统的"文明因素"正在成为酝酿对抗的新根源。特朗普政府对"中国威胁"的定义，就是号称美国正在面临来自"整个中国社会"的威胁。连斯坦福大学的校长和教务长都联名发表公开信，反对以"国籍认同"作为美国社会从学生录取到"是非认同"的标准。

这是一个真的开始让我们陌生的世界。未来全球秩序的演变究竟在多大程度上会"脱轨"，"特朗普政治"是否将是美国政治中未来持续很长时间的一种主导现象，全球化如果进入低潮、世界秩序究竟将如何从今天的"碎片化"趋势中复苏，全球治理的规则、制度和程序究竟将如何既代表各国政府的利益，又能深刻和全面地表达民众的意志？在一个已经高度信息化的时代，当人类正站在"工业化4.0"门槛之际，世界政治和经济的乱象从来没有像今天这样让人忧心忡忡。

然而，这是一个既让人失望的时代，又让人充满希望的时代。世界政治的发展进程总是会在不同的时代遭遇不同的问题，在不同的问题上碰撞出不同的声音。幸运的是，21 世纪的今天，中国开始崛起、新兴经济体开始崛起，世界权力结构总的"东升西降"正在开启"百年未有之大变局"。尽管今天的国际环境变得严峻而又复杂，但进入新时代的中国无疑会坚定地继续成为繁荣、稳定与和平的世界秩序的建设者和贡献者。

《环球时报》作为中国最有影响力的全国性媒体之一，始终以及时报道、深度分析和高度把握国际时事的风云变幻为己任，为中国读者开启认识世界的重要窗口。更为重要的是，《环球时报》并没有将自己的工作只是简单地定义为国际新闻的报道，而是将为中国读者随时提供及时的深度新闻分析作为己任。无论是每天坚持推出的《环球时报》社评，还是每天从自己丰富的专家库中约稿产生的评论，《环球时报》带给中国读者的，总是既有高度时效性的新闻报道，又有内涵丰富、主题鲜明、立意高远的社评和评论。这些社评和评论，是《环球时报》正确的政治理念、高深的知识水准和坚定的中国价值维护的生动展示。

作为一名《环球时报》评论版的老读者和老作者，这么多年来，我深感《环球时报》编辑和评论主创团队的用心良苦。他们的执着发声，不仅是给中国读者打开了客观、理性地认识世界事务的窗口，更是架设了中国和世界相互认识相互了解和沟通的桥梁。

读者们将在本书中看到 2018 年《环球时报》的经典社评，领会《环球时报》向世界报道和展示"复杂中国"的深意；同时，也是中国读者观察和掌握"复杂世界"的钥匙。这些社评和评论记载的是《环球时报》在解读和剖析众多复杂和尖锐的国际问题，尤其是中外媒体在看法上有分歧和冲撞时的"中国声音"。我相信，每位读者会以这本结集出版的社评和评论集中，深切感受到的，是《环球时报》的独特声音和魅力。这更是国内媒体界有代表性的"中国力量"！

南京大学中国南海研究协同创新中心执行主任

南京大学国际关系研究院院长

2019 年 3 月 25 日

目　录

序　言 ／ I

篇一　伟大变革　／ I

3　　做好自己的事情，中国 2019 座右铭

6　　5 年后感受十八届三中全会之重

9　　二中全会是伟大征程的关键蓄能站

I2　　三中全会是全面深化改革的里程碑

I5　　中国修宪无须与西方政治体制“对表”

18　　机构改革是国家迈向新征程的号角

2I　　就在这几天，中国未来有了更大确定性

24　　习主席向中国人民献上肺腑之言

27　　两会要开出中国的动力和凝聚力

30　　国防预算和 GDP 展示了中国的稳健

33　　外长记者会向世界展示中国的稳健

36　强大海军会让中国崛起更稳更均衡

38　发展国产芯片，中国不能三心二意了

41　航母海试，我国防建设的一个寻常点

44　中国战略回旋余地从未像今天这样大

47　对比 2008 和 2018，中国发生了什么

50　解放军战力日强，心不正者悲戚戚

53　迎接改革开放新浪潮，中国何惧之有

56　中国民营企业家，岂止马云是党员

58　为什么说改革开放是中国唯一的路

61　中国改开将进行到底，世界无需怀疑

64　改革开放 40 年，成功秘诀何在

68　中国改革开放 40 年释放的信息

71　中国的开放在做加法而非减法

篇二　强国外交　/ 75

77　国强不霸，第一个实践它的必是中国

80　习普会为中俄战略协作不断注力续能

83　中国塑造周边能力已强于美国破坏

86　中国与太平洋岛国发展关系碍了谁

89　西方须用改变对非思维代替抱怨中国

92　中日结束相互消耗，两国都将得分

95　中朝发展友好造福两国有利全地区

98　解放军入俄军演，外界应质疑还是反思

101　巴西政府更迭会冲击中巴经济合作吗

104　中国东盟早已是实际的命运共同体

107　马哈蒂尔访华，中国外交的一次打分

109　中国的信用支持对朝美峰会很重要

111　美韩既不可轻视、也不应赖上中国

113　上合为 21 世纪的世界治理探路

116　中欧关系应排除猜忌充满正能量

119　中阿如兄弟般相处，乱局中的清流

122　中德加强合作是贸易战的相反示范

125　透过习近平中东非洲行能看到什么

127　中巴关系和经济走廊都很 OK

130　西方对中東关系很是羡慕嫉妒恨

133　中菲修好的成果首先落到了地区内

136　中印边界谈判达重要共识，可贺

138　读懂中国，从读懂进博会开始

141　莫夸大中国外部战略环境的困难

145　"债权帝国主义论"不值一驳

篇三　中美博弈　/ 149

151　中国决不能让美国国会牵着鼻子走

154　中美贸易战停战是两国共同胜利

157　中美社会都应珍惜得来不易的协议

160　"跟共产党跑的西方人"，美国式扣帽子

163　美国搞技术隔绝阻止不了中国进步

166　美国的印太投资不会撞沉"一带一路"

169　中美会战略性对抗并影响一代人吗

172　基辛格撺掇特朗普"联俄抗中"了吗

175　反对盲目自信，同时切不可散布恐美

178　美国防授权法，中国的惧与不惧

181　担心谷歌"投降中国"，心思用歪了

184　白皮书显示中国的坦荡、坚定与理性

187　美一些人休想像搞苏联那样对付中国

190　中美两国终将走向"第3选择"

193　中国崛起后，将挤占多少美国的空间？

197　中美冷战？别用这样的笑话当威胁

200　艰难使命，寻找中美利益最大公约数

203　驳"中国渗透论"，同时努力消蚀它

206　加拿大粗暴对待孟晚舟严重侵犯人权

209　中美怎么走，看谁更"奋斗"

211　伟大复兴不以赶超美国为目标

214　中国不可"降服"，这是美国真正心病

218　"美国重建中国"？美国人自己都不信

222　中企"走出去"为何让有些人不爽

225　对中国经济转型，美应多份理解

228　更加客观理性地看待中美关系

232　误判中国瓦解美国对华政策共识

235　中国量力前行，美国"叶公好龙"

篇四　未来展望　/ 239

241　历史机遇期不会再与中国擦肩而过

244　国家的机遇与人民的预期息息相通

247　中外价值摩擦似越来越多，怎么办

250　如何面对这个中外相互敏感的时代

253　唱衰中国的人和力量都将是历史笑柄

256　从世界看"一带一路"，看到的是什么

259　外部敌意增多，对外开放更需心理强大

262　在世界第二大力量的高处看中外纠纷

265　不要误读充满善意且坚持原则的中国

268　当遇到"辱华"时，中国公众该怎么做

271   "强起来"的中国人需要怎样的品格

274   对中国制造的信心来自哪里

276   中国战略思维谋的是百年大计

279   有件事，比芯片被人卡脖子更危险

284   中国还能韬光养晦吗

288   中国崛起还得打 30 年"持久战"

292   中国科技，别吹上天莫贬入地

296   今天为什么还要讲艰苦奋斗

299   中国崛起需要怎样的哲学指引

303   国际秩序未来的方向

307   中华共同体与人类命运共同体

311   现代化是当代中国最大的政治

篇 一

伟大变革

————

环球时报年度评论选（2018）

做好自己的事情，中国 2019 座右铭

社 评

2019 年迎着中国人民和世界各国人民的期待终于走来，对于有准备且有能力集体应对挑战的国家来说，它将是公平的一年。

很多机构预测了世界范围内 2019 年的各种不确定性，从众议院被民主党控制后的美国内政到印度大选，从可能爆发的地缘政治危机到全球股市震荡，等等。其中美国对华贸易战继续进入了几乎每一个风险清单中。两国会如期达成协议吗？这个悬念最抓眼球。

确定性是最受人类欢迎的东西之一，而当风吹起来的时候，大国往往有把握确定性的更多资本。各种预言让人眼花缭乱，不过进入 2019 年，大多数中国人最先想到的是，这是中华人民共和国成立 70 周年，是大庆之年。这一联想带给国人的积极展望无疑是强劲的，没有任何对不确定性的担心能够取代或压倒上述展望。

在经历了不寻常的 2018 年之后，一些外媒认为，中国 2019 年过得怎样，关键在于中国能否"不惜代价"与美签署全面贸易协定。这种分析有道理吗？

2019 年中国面临对内对外的大量工作，中美关系无疑很重要，力争达成中美贸易协定又是当务之急。北京时间 2019 年 1 月 1 日凌晨，习近平主席与特朗普总统就庆祝中美建交 40 周年互致贺信，在几天前两人通电话的基础上再为稳定中美双边关系发出积极信号。现在应

当说是中美贸易摩擦升级以来双方解决这一严重纠纷政治气氛最有利的时候。

不过另一方面，中美关系的一些重大不确定性继续存在。它们包括如能达成贸易协定，是否意味着中美经济合作会彻底稳定下来？以及即使中美贸易实现相对稳定，美国对华技术限制是否会进一步扩大，华盛顿是否会继续加大对华地缘政治等其他压力呢？

中美关系的复杂性超越了人类历史上大国关系的经验。回应这种复杂性，最直接的手段应是持续加强外交沟通。而不管双方沟通的临时效果如何，要想长期影响这种沟通的形势，中国最重要的恐怕是做好自己的事情。

中国当下和今后的大部分真功夫必须下在落实深化改革开放战略部署、加快实现国家治理体系和治理能力现代化上。一旦中美达成全面贸易协定，需要有更开放、更现代的社会治理基本面与之相呼应，实现迎接创新的局面。

中美90天谈判达不成协议不是人们希望看到的，但那样的可能性必须考虑进去。那种情况下，做好中国自己的事情更是我们的不二选择。进一步打好中国经济社会发展的基础，取得深化改革开放的扎实成就，中国才能做到"东方不亮西方亮"，才能内生出更加强劲的发展动力，对吸引全球各个方向的合作形成挡不住的魅力，来自美国方向的施压才会被更有效地化解、冲淡。

在世界处于大变局的时代，弱小的力量常常很无奈，不得不将大部分希望寄托在某个决定性的国际因素上。但中国人必须清醒认识到，我们早已告别了那样的时代。

如今已经没有任何外部力量能够主导中国的国家命运，中华民族再次将自己命运历史性地掌握在了自己手中。中国今后是否能走得更加稳健些，将首先取决于我们能在多大程度上把自己应当开展的各项调整和改革做到位。

换句话说，中国不断落实好十八届三中全会以来出台的各项深化改革开放决定，不问外部的压力大些还是小些；与把大部分注意力放在应对外部压力上，根据压力的强度来决定深化改革开放多做些还是少做些，前者应当成为中国坚定不移的战略性选择，也是中国立于不败之地、争取最大主动的根本保障。

2018 年中美贸易摩擦升级来得很突然，中国的选择既不是退让，也不是对抗。我们就是要让自己作为世界第二大经济体不断更新、完善，让国家的活力和合作能力都最大化。这无疑是中国在这个越来越躁动世界上稳健前进的生命线。

（《环球时报》2019 年 1 月 2 日）

5 年后感受十八届三中全会之重

社　评

2018 年作为改革开放的特殊纪念和实践的年份即将过去，这一年是发起改革开放的十一届三中全会 40 周年，又是拉开全面深化改革序幕的十八届三中全会 5 周年。40 周年谈得比较多了，5 周年有着极强的现实意义，值得在岁末进行继往开来的特别总结。

中国刚开始改革开放时，国力较弱，被现代化浪潮抛在了后面。那时候的改革开放目标一抬眼就能够发现，共识也容易凝聚。十八大是中国成长为世界第二大经济体后举行的第一次党代会，十八届三中全会是对未来中国该不该坚持改革开放，如何改革开放的关键性谋划。

成为第二大经济体的中国与 1978 年的中国有着截然不同的内外环境。从外部说，改革开放早期美国和西方为了维持在冷战中的优势，在战略上有求于中国。而到 2013 年，美国矛头直指中国的"亚太再平衡"战略已经紧锣密鼓，整个西方的对华心态不断改变。在国内，改革早期的短缺经济被大量产能过剩和经济结构失衡等问题取代，生态环境和公平缺失、腐败等问题成为公众不满的主要源头。

早期的改革目标质朴而明确，那就是要发展生产力，而且那时全社会大都支持"让一部分人先富起来"的原则。2013 年的深化改革要统筹的事情已经复杂得多，此时社会不同群体的利益已经分化，国家不仅要增大福利资源，而且增加资源的生产和分配方式都变得非常敏感。在国际上，我们从不断受西方舆论"表扬"变成了动辄得咎。

我们多数人是很容易安于现状，一切"顺其自然"、得过且过的。中国上一轮改革的红利已差不多释放尽了，继续按老办法"改革"其实就是"不改革"。而真的深化改革开放又意味着新的风险，以及新的艰难。

十八届三中全会的历史功绩在于，它进一步凝聚起全面深化改革开放的决心，消除了中国社会围绕改开的某些疲态，跳出了越积越多的各种争议，把改革开放推向更宏大的愿景，并且制定了更加完善的目标和规划。

完善和发展中国特色社会主义制度，推进国家治理体系和治理能力现代化成为深改的总目标，深改的六大领域则覆盖了中国作为世界第二大经济体所面临的新挑战。十八届三中全会的深改方案一出来，社会就有强烈的预期：这些改革方案一旦落实，我们差不多相当于拥有一个"新的中国"。

问题是，外部的态度如此复杂，内部又有利益多元化的牵制，全面深化改革开放实际上推得动吗？如今 5 年过去，就让我们从国家的宏观面貌上理一理吧。

先看与经济相关的几条线索。中国经济这几年一直在调结构、去产能，增速有所放缓。但是今天与十八届三中全会之前比，中国的综合经济实力在世界上的相对位置是否又前进了一大步呢？中国与发达国家的技术差距是否又显著缩小了呢？中国的环境与生态危机是否明显有所缓解呢？还有，老百姓的综合生活质量是否又有所提升呢？相信绝大多数中国人都会给出肯定的回答。

2013 年之前的几年，中国老百姓意见最大的是官员腐败和社会公平的缺失。这 5 年的反腐败成就世人有目共睹，恐怕用不着这里着更多笔墨了。那么说说公平，说实话这是个全球突出的治理难题，在中国也不例外。但中国这方面的情况是否比 5 年前有了很大进步呢？中国的社会公平已经比绝大多数发展中国家都做得好，正在朝着更高水平努力，这个趋势是否越来越明显了呢？

深化改革要以人民为中心，满足人民对美好生活的需求；对外开放不再是简单地利用国际资源促国内发展，而是要加强中外经济融合，处理好中国发展与外部利益的关系，实现共赢，推动构建人类命运共同体。这些既是新的思路，也意味着新的挑战。进一步的改开会在相当程度上是"逆风球"，是博弈。

这是新的开创性的 5 年，是中国在全新舞台上展现勇气、构建信心、积累经验的 5 年。这 5 年告诉我们，中国改开不仅不会停下来，而且会随着环境和任务的变化进行难度升级。以习近平同志为核心的党中央着眼于党和国家的前途命运，主动扛起了这一历史责任，引领中国全社会焕发出新时代的进取心。

5 年的时间还有点短，但它足以帮助人们窥视一个时代的趋势，那就是：21 世纪的中国不相信"中等收入陷阱"，不相信"停滞论""崩溃论"等预言和诅咒。无论中国接下来的路有多曲折，中国是在爬坡上行，这一点已经越来越清楚了。

（《环球时报》2018 年 12 月 29 日）

二中全会是伟大征程的关键蓄能站

社　评

　　中共十九届二中全会 19 日闭幕。全会审议通过了《中共中央关于修改宪法部分内容的建议》，提出要把十九大确定的重大理论观点和重大方针政策特别是习近平新时代中国特色社会主义思想载入国家根本法。全会公报还强调国家监察体制改革是事关全局的重大政治体制改革，是强化党和国家自我监督的重大决策部署。全会明确强调，坚持依法治国首先要坚持依宪治国，坚持依法执政首先要坚持依宪执政。

　　中国处在继往开来的关键历史时期，几十年的高速增长积累了雄厚的实力基础，同时也面临应对新时期基本矛盾，化解国际关系重大难题，把建设社会主义现代化强国的历史机遇期落到实处的极不寻常使命。

　　这是艰巨的长跑，而不是短跑，确保中国稳健前行必须建构强大的系统性保障。二中全会同时做了两件事：讨论修宪和强化宪法的作用。这是为使中国行稳致远在顶层设计层面的一次坚强夯实。历史将证明二中全会为实现中华民族伟大复兴所具有的长远意义。

　　虽然十八大以前中国的发展挺快的，但快速发展中也面临不少问题，比如社会转型、环境建设等方面都面临压力，一些人的方向感不够明确，自信心也不够强，思想和舆论领域都不平静。西方某些势力当时叫嚣要在互联网时代"扳倒中国"，而且他们挺认真地扩展向中国渗透的渠道。

从十八大到十九大，国家在党的领导下开展了对旗帜、道路、指导思想等根本要素确定性的再建设，经历了反腐败、深度经济调整等波澜壮阔的伟大行动，中国的综合面貌和内在质量都焕然一新。

在伟大斗争中形成的政治核心和指导思想事实上成为了中国在新时代延续政治确定性的生命线，是国家在复杂国际大环境下决策力、动员力、统筹力的基石。中国的蓬勃发展与政治凝聚力前所未有地交织、融合，中国既大又灵活，虽困难重重却表现得更游刃有余了。

这几年中国迈开了全面依法治国的政治及社会建设决定性一步，直至走到强调依宪治国的高度上。

对何为依法治国、尤其是何为依宪治国，一直有人存在不正确的认识，因此反复问依法治国与党对国家的领导"是什么关系"，这种疑问不能不说很大程度上受到西方政治观和法治观的影响。中国社会一定要在中共的领导下，在从顶层设计到具体实践的过程中形成广泛、坚定的共识，只有那样，法治建设才能真正与这个国家的现实严丝合缝地对应起来。

随着全面依法治国不断取得成效，社会活力所需要的各种空间必将不断厘清、拓宽。个人权利的保障条件将会逐渐完整、稳定，各种私人空间的受保护程度也将更高。所有这一切因为某种调整而受到牵动的可能性将受到决定性的抑制。中国国家实力建设和不同人群所关心的个人权利建设将更加有效地协调统一起来。

必须指出，中国道路是人类历史上第一大社会走向现代化的超级实践，它有相当程度的探索性。经过几代人前赴后继的努力，这个国家从民族救亡到实力积累再到发展个人权利逐渐形成了前后逻辑清晰的路线图。中国需要有"一张蓝图绘到底"的决心，更要有这样做的真实引领力。我们相信，十九届二中全会是中国伟大征程中的又一关键蓄能站。中国的未来不可限量。

（《环球时报》2018 年 1 月 20 日）

三中全会是全面深化改革的里程碑

社　评

　　十九届三中全会 28 日结束，当天发表的会议公报显示，会议重点讨论了两件大事：一是国家机构和全国政协的人事问题，通过了这些机构的领导人员人选的建议名单；二是审议通过了深化党和国家机构改革的决定，以及相关方案，机构改革方案的部分内容将依照法定程序提交即将召开的十三届全国人大一次会议审议。

　　人事问题永远是舆论的突出热点，尽管名单只有在人大会议上才会公布，但是民间的猜测总是很有兴致。不过今年的机构改革方案同样很抓眼球，很多人对它的关心度甚至超过了人事安排，原因就在于，本次机构改革不同于以往，它的规模和意义都被认为是空前的。

　　2013 年有过一次机构改革，十七大之后为它酝酿了好几年。但那次被称为"大部制改革"，它涉及的是国务院部分机构的重组，最后实际发生的改革规模没有舆论之前预期的那么大。

　　这次机构改革的全称是"党和国家机构改革"，它远远超越了国务院机构改革，是涉及党政军群的综合机构改革。改革的目标和任务也不仅仅是机构功能的重新配置，而是把实现党的领导对各方面工作的全覆盖放在首位。此外这次改革将加强统筹设置，扩大省级以下设置机构的自主权，还要加强机构编制的法定化，全面推行政府部门权责清单制度，等等。

这些改革一旦推行开来，将深刻影响党政军群机构设置的面貌，以及它们之间的工作关系。长期难以实现的机构精简和瘦身面临全新的推动路径，提高各类机构的工作效率将减少机制性障碍。

全面建成小康社会、全面深化改革、全面依法治国、全面从严治党都是这几年党和国家事业的重点，通过这次党和国家机构改革，它们结合了起来，进一步拧成了一股绳。

可以想见，这次党和国家机构改革将逐渐带动直达基层的链式反应，最终落实、转化为我们每一个人身边的变化。我们大家将看到更多廉洁、效率以及公务的透明，我们反感的机构重叠、冗官冗员现象都是整治对象。完全可以说，这是中国老百姓真正期待的改革。

这些机构改革完成后，中国的"官"将在八项规定洗礼之后进一步焕然一新。或许可以说，反腐败促进官员的廉洁，而机构改革将强力推动官员们的勤勉。

这样的机构改革可谓几十年来所未见。一种体制运行久了，难免积累各种问题，部门和集团利益会滋生出来，影响整个体系的高速运行。全面深化改革是很难的，这是全球共同的政治挑战，很多国家和地区在很多时候都是改革雷声大，雨点小。

中国这次党和国家的机构改革之所以能够行将问世，根本原因是以习近平同志为核心的党中央确立了绝对权威，中国从上到下党员干部的思想和作风都在最近五年受到了洗礼，一切行动听党中央指挥成为全体系践行的原则和纪律，这个党和这个国家前所未有地凝聚起来，阵形严整，行动坚定敏捷。

十八大以来，党中央推动完成了许多我们过去不敢想的大事，有些我们当时未必都能完全理解它们。到今天，一条强劲有力、充满历史感的逻辑线逐渐变得越来越清晰。党和国家在做决定性的改革，中华民族在开启决定性的新征程，我们正在书写必将受到子孙尊敬的时代传奇。

（《环球时报》2018 年 3 月 1 日）

中国修宪无须与西方政治体制"对表"

社　评

第十三届全国人大一次会议昨天高票通过了宪法修正案。这次修宪涉及确立习近平新时代中国特色社会主义思想在国家政治和社会生活中的指导地位，将"中国共产党领导是中国特色社会主义最本质的特征"写入宪法总纲第一条，调整国家主席、副主席任职规定，赋予监察委员会宪法地位等内容，是本次人大最受关注的热点议题之一。

中国酝酿重大决定时，西方一些人总要来插一杠。不过这次给人印象深刻的是，西方不少舆论认为修宪是中国内部事务，应由中国自己决定。当然，西方也有一些人表现激进，热衷拿中国的修宪与西方政治体制"对表"，这类表演的目的更像是要吸引眼球。

这些西方人故意回避了两大事实。一是中国改革走到这一步面临着内外诸多重大挑战，需要宪法与时俱进地进行修改。目前全世界的主要国家纷纷调动自己的政治资源，强化国家决策能力。中国做出包括上述关键点的修宪，首先来自中国发展内在需要的推动。

二是团结与稳定是人民幸福的源泉，这种观念经历了洗礼，在中国深入人心，而且中国人知道，它们都不是白给的，需要党中央带领全社会精心守护。

中国人民希望生活在一个繁荣发展且持续稳定的国家里。这些年我们看尽不同国家的兴衰，还有民族命运的跌宕，我们尤其注意到有西方国家背书的那套体制用到发展中国家时纷纷走样，生出各种惊人的恶之花。

我们对中国这么大社会创造性地保持了长期稳健的崛起而庆幸。我们越来越懂得实践是检验真理的唯一标准，也越来越坚信、珍惜中国道路最关键的秘诀，那就是在每一个时期都拥护中国共产党的强有力领导，在今天和今后就是要坚决跟着以习近平同志为核心的党中央走，不问风雨，不管挑战和诱惑来自何方。

新中国70年前建立时物质基础薄弱，一开始我们大体接受了苏联模式的社会主义体制。改革开放后我们坚定走上中国特色社会主义道路，把国家推向世界第二大经济体。这个过程中我们认真处理了耳听八方和独立思考的关系，实践告诉我们，中国独立政治思维的能力有多强大，是中国接下来走多快、行多稳的关键。

中国当下面对的重大问题几乎都是独特的，中国的主要现象很多是西方政治学解释不了的，中国要想继续成功下去，必须依靠自己的智慧建构解决方案。我们需要形成中国特色的一整套思想及制度成果。中国的做法好不好，先进不先进，只能看它对中国时代使命的对应和促进程度，通过对实际效果的全面科学评估来确定。

其实这在很大程度上已经成为中国社会的自觉。改革开放以来，外界的海量信息影响、冲击了中国，但总的来看，中国驾驭了那些信息，而没有被那些信息淹没，我们的集体政治智慧不断得到磨砺。这当中党中央的领导力起了决定性作用，这次修宪来得很及时，就是因为它在新时代的艰巨任务刚确定下来的时候，对指导思想、党的领导、领导体制、监察体系的完善都通过修宪做了巩固。

这是中国人民的意愿，也是中国全社会对未来的希望和信心。一些西方人搞不懂中国民意的基本逻辑，却总想对中国指手划脚，不能不说，他们缺少一些面对中国悠久历史文化和伟大社会实践时应有的客观和谦逊。

（《环球时报》2018年3月12日）

机构改革是国家迈向新征程的号角

社 评

国务院机构改革方案昨天公布出来，使党和国家机构改革正式拉开帷幕。改革后，国务院正部级机构减少8个，副部级机构减少7个，除办公厅外下设26个部门。

由于这次机构改革广泛涉及党政军群，今天公布的国务院机构改革方案主要涉及其中"政"的部分，今后我们还将看到更宽领域的机构改革行动。

机构改革是很麻烦的工作，执政者如果想敷衍守成，一般不会碰它。在国际上，我们很少听说某个大国搞大规模机构改革，比如美国，如果它新设一个部或者取消一个部，都是大新闻。

中国改革开放以来的机构改革是世界大国中最频繁、累积改革量最大的，这首先是党和政府自我鞭策、敢碰问题的表现。中国的机构改革不断发生，与中国最近几十年在大国中经济发展最快、社会面貌和内在结构的变化大而深刻形成呼应。总的来看，机构改革帮助国家在每个时期更好地应对了挑战，缓解了政府体制中的问题，增加了治理效率。

这次机构改革的规模、范围、深度以及统筹性都前所未有，根本原因是进入新时代的中国从内外环境到使命和任务都在发生重大变化和递进，而它体现的是党和政府要坚决实现十九大描绘的"两个一百年"宏伟蓝图的雄心。

在新公布的方案中，国务院机构得到深度优化，新的机构组成广泛覆盖了最近几年人们大量谈论的热门话题和热词。比如银监会和保监会"合并"了，这为实现两部门的更好协调扫清了道路。退伍军人问题不断成为社会焦点，退役军人事务部首次创立并跻身国务院机构名单中。二孩已经放开，国家生育政策的变化让"计划生育"这个长期热词从国务院机构名单上消失。乡村建设问题近年备受关注，农业部的名称变成了农业农村部，等等。

老百姓看机构改革，大家知道党和政府的领导工作量随着国家发展不断增大，但还是愿意机构数量越改越少，而别越改越多。另外机构改革得能让我们看得懂，切中民间最关心的问题。也就是说当官的能少一些，做老百姓希望他们做的事情。从这两个角度说，这次机构改革顺应了民意，对接了舆论的各项长期要求。

除此之外，本次机构改革还有更深刻的含义。首先，加强党的领导是它最重要的宗旨。中国已经成长为世界第二大经济体，深度融入全球化，中国与世界的对接、协调遍及各领域的大量行业。我们的治理体系和能力必须现代化，同时治理现代化又不能是"西方化"的，而必须保持总体上的中国特色，坚持党的领导，使中国现代化真正做到平稳和可持续，避免在向前走远的时候出现迷失。

二是，机构改革必须以人民的利益为导向，而不能把任何部门或者集团利益放在前头。这作为口号喊很容易，但真做起来通常障碍重重。在整个体制中，我们常会发现一些机构职责重叠现象，还会看到有些级别很高、但实际作用有些边缘化的机构，合并它们，给它们降格或者取消，就会触动既得利益。有时为了不生额外麻烦，就得过且过了。

　　其实全世界都不同程度存在这个问题。我们还会发现，不仅国家，很多单位里也有同样问题。解决这个问题唯有依靠政治权威的强大。今天的中国能改得动，关键在于以习近平同志为核心的党中央真正拥有了推动全面深化改革所需要的权威，一切听党中央指挥这一铁的纪律重新回到整个党和国家的体系内。

　　最后要强调，这次改革本身展现了党和政府全新的精神面貌。它是这个国家在新时代迈向新征程的号角，是党和政府向人民做出的服务人民、认真履职的郑重承诺。

（《环球时报》2018 年 3 月 14 日）

就在这几天，中国未来有了更大确定性

社 评

十三届全国人大一次会议 17 日选举习近平为中华人民共和国主席、中华人民共和国中央军事委员会主席。在这前后，中国其他主要领导人一一经大会选举产生，两会开到了高潮，极大地鼓舞了中国全社会。

本次大会既是对社会主义民主的实践，也是对中共领导国家的全面巩固。大会极大增加了全体中国人民的信心，给中国发展再一次加注了充足的能量。

包括修宪、机构改革在内的重大成果来得很及时，它们是中国面对 21 世纪挑战做出的回应。十九大描绘了中国新时代的蓝图，本次人大则为落实蓝图作出进一步的组织保障。中国这艘航船正在鼓满风帆出港。

众所周知，中国如今前所未有地走到了力量大、成就大、风险也大的历史当口，十九大所界定的新时代，也是决定中华民族伟大复兴成败的时期。中国不是普通大国，愿意不愿意，我们的崛起都在改变全球力量格局。

一些大的国际力量在躁动起来，搅动形成各种漩涡和暗流，使中国崛起的大环境不断在嬗变。

举望世界，我们能够看到来自各个方向的碰撞和制约。中国是统筹能力极强的国家，但我们能清楚感受到驾驭国际上不确定性比处理国内难题更加不易。中国下一步发展是否顺利，有很大一部分取决于外部力量将怎样与我们相处，我们又如何化解可能面临的挤压。

中国人必须了解一点，我们的发展不是为了挑战美国的地位，也无意对现有世界秩序进行颠覆性改造，甚至中华民族的复兴并不以我们是否会成为世界最大的力量为标尺。它不是一个地缘政治目标，更非中国投入大国战略竞争的动员方式。

中国崛起的真正动力是人民群众改变命运、过更好日子的永不枯竭的愿望，改善民生是中国十几亿人超大社会隆隆向前的真正火车头。如果不出意外，这样的惯性发展早晚会把中国带到世界最大经济体的位置。这将是中华民族的骄傲，但也意味着承受这个世界的顶级风险。

世界其他一些主要力量对这一前景的反应十分复杂，它们的反应极有可能增加 21 世纪国际政治的无序性，在通常情况下，也很容易在中国内部激起波澜。

在过去几个世纪里，很多当时的大国、强国都经历过高速发展，但成为无可争议的最大经济体并拥有最强综合国力的国家只有过两个：英国和美国。换句话说，登顶的机会极其稀少，任何国家做到这一点的概率都很低。

正如前面所说，由于民间力量的推动，中国除了继续强劲发展别无选择。但是从世界第二不得不向世界第一靠近的过程实际上要多难有多难。如果从世界上泛泛看中国平稳"登顶"的概率，或者我们失败的概率，大概应该是 50% 对 50%。实事求是说，我们不能低估中国今后困难和凶险的严重性。

那么让我们形象地做一个推测，中国成功越过所有艰难险阻成为世界最强大国家的概率有没有可能增加到 51%，形成 51% 对 49% 的保险、确定性格局呢？那决定性的 1% 又是什么呢？

我们认为，那决定中国命运的"1%"就是中国共产党的领导力。

正因如此，当中共对国家的领导地位和党的核心的牢固性都在这次两会上得到巩固时，党凝聚人心的力量和带领全国各族人民应对内外挑战的能力再一次被刷新时，我们想说，这是中国人民在 21 世纪把握自己命运的一个里程碑。

中国的前途长期在世界上受到正面评估，十八大之后尤其被看好，根本原因就是中国是共产党领导的国家。以习近平同志为核心的党中央进一步将中国的政治优势通过法制和制度建设系统化了。这使得外部冲击更难以对中国的内部形势产生决定性影响，巨大潜力将源源释放，支持这个国家走向十九大确定的目标。

从十九大到今年的两会，中国完成了又一次政治上的自我锻造，这个国家正在对自己的未来实现"51% 以上"的决定权，而确保中国和平发展的前景将是构建人类命运共同体的关键维度。历史将这样总结我们正在经历的时刻。

（《环球时报》2018 年 3 月 19 日）

习主席向中国人民献上肺腑之言

社　评

　　习近平主席在十三届全国人大一次会议闭幕前夕发表重要讲话，引领中国社会以更宽阔的视野和更博大的胸怀看中华民族的古往今来，准确把握这个国家新时代的新使命。

　　"人民"是习主席这次讲话的关键词。通过读这次讲话，我们梳理出几千年中华文明生生不息的动力线索，进一步搞清了中共执政以来、特别是党的十八大以来各项工作总的宗旨和逻辑，更加确定了中国今后要向哪里去，怎么走。人民是主角，人民的利益是国运的目标和出发点。

　　共和国主席讲出了他本人的肺腑之言，也讲出了整个执政党的政治决心和抱负。始终要把人民放在心中最高的位置。人民是历史的创造者，人民是真正的英雄。要把人民拥护不拥护作为衡量一切工作得失的根本标准。人民有信心，国家才有未来，国家才有力量。这些话迅速通过社交媒体被无数人传播阅读，人民为自己的领袖和国家掌舵者点赞、喝彩。

　　如何实现国家复兴和人民的福祉，中共领导13亿多人口的庞大社会走出了一条自己的路。这条路的实际成果不断震动世界，以至于一些外部力量产生了基于传统认识的危机感。他们的危机感转化成一些越来越激烈的言行，带动了针对中国的各种争论，使中国进一步发展面临了愈发复杂、敏感的大环境。

以习近平同志为核心的党中央在这个时候义不容辞地做出担当，为巩固中国社会的定力和稳健发挥了决定性作用。在我们比历史上任何时期都更接近伟大复兴的时候，我们必须更加自信，但不傲慢；必须有能力应对各种复杂情况，既不盲动，也不胆怯。

一个高度组织起来的 13 亿多人口的超大社会是人类从未有过的发展沃土，它的潜在能量到底有多大，人类的已有经验无法度量。在实现了工业化后，这样的社会尤其是不可战胜的。从十八大到十九大，中国筑牢了改革开放中的秩序根基，排除了一些制度漏洞所造成的潜在风险，国家的未来更加光明。

过去几十年里，世界很多国家的变革就像爆炸了一颗原子弹，巨大能量释放出来，也摧毁了一切。而中国的改革开放则成为了源源不断可控释放能量的"核电站"，给中国人民乃至世界人民送出的是光和热。这是中国真正的称绝之处。西方一直攻击中国政治制度，殊不知，恰恰是走中国特色社会主义道路的这个国家实现了当今世界规模最大、难度最高、收益也最多的超级社会转型。

中共的为人民服务宗旨和强大领导力决定了这个国家的积极向上。改革开放的中国有远大目标，它不会重复犯同样的错误，它会虚心向外界学习，同时避免外部世界有过的前车之鉴。

在中国，党和政府总是努力为人民做最好的政策选择，统筹平衡它们的近期收益和长远效果，最大限度地让人民满意。在很多国家的政坛上，"人民"这个词很虚，因为在那里政治集团私利的博弈才是体制运行的内在动力，这在当今世界很流行。但"人民"在中国很实，中共与人民的利益高度一体，人民的福祉就是中国体制真正的价值取向，这决不是空话。

　　一百多年前，看着一盘散沙、备受欺凌的国家，中国人对民族团结起来、站起来充满渴望。几十年前，我们对国家富裕起来，人民都能过上小康生活浮想联翩。今天我们又怀抱实现中华民族伟大复兴的梦想，期待社会主义现代化强国在未来三十几年建成。因为出了中国共产党，百年前仁人志士们的渴望已经实现。我们坚信，有以习近平同志为核心的党中央坚强领导，中国新时代的目标也一定能够实现。

（《环球时报》2018 年 3 月 21 日）

两会要开出中国的动力和凝聚力

社　评

十三届全国人大一次会议今天开幕，至此两会相继召开。今年的两会比往年的长，审议机构改革方案、修宪都是比例常两会增加的内容，这是一次非常繁忙的两会。

两会是中国特色政治体制的重要标志，也是中国政治生活的主要舞台。由于这种独特性，外界以西式议会的经验来认识中国两会往往不得要领，外国议会里的激进、好斗文化与中国两会的使命不兼容，因此相互对比没什么意义。

新中国成立，两会从无到有，并几经曲折，逐渐成熟起来，与中国整体政治发展和经济社会进步形成越来越紧密的契合。

从制度的角度看，两会是党的领导、人民民主和统一战线的体现，是依法治国的法定程序。从政治效果的角度看，每年的两会是中国全社会围绕党新近制定的路线方针政策开展动员、形成共识、推动落实的过程。两会把加强党的领导与发扬民主、依法治国紧密结合了起来，形成一整套符合中国实际、高效的政治机制。

中国政治文化非常注重领导力和推动力，同时也很强调共识和团结。在现阶段中国仍处于建设现代化国家的攻坚期时，这些原则尤其至关重要。中国需要积极有效的政治机制，而不能让国家政治舞台上充满不同利益集团的恶斗和分肥游戏，使得国家政治治理反而成为社会动荡的源头。

世界上很多动荡地区都是从政治上乱起来的，民主"放"得出去，却"收"不起来。政治帮派和山头切断了国家的凝聚力，导致社会成为一盘散沙。

中国的两会汇聚了各种意见，也聚集了大量信息，社会的参与热情同样很高。然而两会不是加剧不同意见对立的过程，而是建立社会最大公约数、让党和国家重大方针政策深入人心的过程。换句话说，两会的基本目标是为了做事，而不是为了"搅局"，不是为了给少数人出风头搭建舞台。

外界常有人嘲笑中国的两会是"橡皮图章"，在那些人看来，西方的议会近乎敌对的吵闹才是有意义的。其实西式议会的弊端正被越来越多地诟病，一些国家和地区议会里甚至搞得大打出手，引起诸多反思。

两会到底应该怎么开，应该不会有一劳永逸的答案。但是回答这个问题必须紧扣中国政治的根本宗旨，呼应中国的时代使命，对应中国老百姓的根本利益。这个答案尤其不能由外国势力来"指导"，它需要在中国的实践中不断水到渠成。

中国的两会代表委员人数远超世界各国议会，他们主要是兼职的，对中国全社会有十分广泛的代表性。每位代表委员都应胸怀大局，尽职尽责。中国的政治建设怎么样，要有很大一部分通过代表委员们的工作和表现体现出来。我们经常说：你什么样，中国就什么样。这句话用在代表委员身上更多了一分贴切。

中国的两会制度最后是要由历史来打分的。而大历史打分的标准只会是经两会讨论通过的决策给中国带来了什么结果。如今外界正面研究中国两会制度的人越来越多，原因也是这些年中国重大方针政策都产生了好的反响，中国的前进十分稳健。

我们需要在政治上高度自信，不被外界对华激进舆论所动。最了解中国现实、最关心中国前途命运的是我们自己，我们要让两会开得最符合中国人民的利益，而不是最有可能获得西方舆论的掌声。

（《环球时报》2018 年 3 月 5 日）

国防预算和 GDP 展示了中国的稳健

社　评

中国 2018 年的国防预算计划增加 8.1%，GDP 计划增长 6.5% 左右，这两个数字成为十三届人大一次会议开幕当天最抓眼球的信息。

国防预算 8.1% 的增幅高于去年的 7%，但远低于 2016 年以前连续多年的两位数。考虑到美国 2017 至 2018 财年的军费增加了 10% 左右，美国目前的年度军费总额是中国的 4 倍，中国的 8.1% 就实在不算多了。

中国显然没有掉入与美国搞"军备竞赛"的思维，否则的话，中国重新把军费增幅提高到 10% 以上是完全做得到的。毕竟中国军费的 GDP 占比仅为不到 1.5%，而北约国家的标准是 2%，美国是 4% 左右。

美国将中国列为"战略竞争对手"，美国军舰不断在南海挑衅，美日澳印不断谈论"四国联盟"，台海再现紧张，这些都对中国增加国防预算提出要求。不过中国坚持了自己的国防现代化节奏，没有太受外界新变化的牵制。

8.1% 这个数字体现了中国的国防自信。外界压力并没有撼动我们自己的规划，中国对当前国防建设速度能够有效匹配国家安全的需求很有把握。

这一数字还对应了中国和平崛起的信念，因为如果中国真的想搞

"扩张"，那么中国现在就必须出现一个非常态的军力建设的高潮，军费一年增加百分之二三十，"砸锅卖铁"造航母也是合乎逻辑的。

然而现实是，中国国防建设虽然速度挺快的，但它是与中国经济社会综合发展高度协调的正常行进。中国人在大步走路，但不是慌张地疾跑。

中国注重稳健，这从 2018 年 GDP 计划增长 6.5% 左右的另一关键数据中也能看出来。2017 年中国经济增长 6.9%，前景被广泛看好。但是政府调低了计划目标，保持了 2017 年计划增长率的水平，就是要给全社会应对各种难题和风险留出空间，不让社会的运行呈紧绷之势。

中国发展在形成巨大的积累之后，已经不再是一叶轻舟，而成为巨轮的行动。这时的中国只要把握好方向，不让自己的左脚绊住右脚，我们的继续前进就是不可阻挡的。因此稳健是中国第一战略性原则。

8.1% 加上 6.5%，对外透出的最大信息就是这一战略性选择。中国这几年不断改革，革除的其实都是各种浮躁、急功近利，建立起来的则是发展的可持续性。中国牺牲了一定的速度，但消除了各种风险，中国的治理逻辑在迅速靠近大国运行的规律，中国的经济转型从一定意义上说就是"大国的转型"。

经济增长 6.5% 左右，中国一年的新增经济规模就将是世界最大的，这意味着中国崛起的势头得到延续。8.1% 的军费增长用来延续军队现代化以及应对中国核心利益所面临的挑战，也将非常给力。这一切都将促进中国发展得有条不紊。

中国是个全面发展的国家，中国逐渐现代化不是某个单项的成就，而是体系性进步。这决定了中国很难爆冷门。全面很容易成为负担，因为它意味着什么都得照顾。但是全面对今天的中国正在成为突出优势，它将不断为中国崛起的耐力做出贡献。现在中国就是在不声不响地对世界展示这一耐力。

（《环球时报》2018 年 3 月 6 日）

外长记者会向世界展示中国的稳健

社　评

中国外长王毅 8 日上午举行记者会，这是中外全面了解中国外交政策和透视中国外交现状的最佳机会之一。而我们从这场记者会得到的最突出印象是中国外交的稳健。

今天的世界很不平静，中国外交面临诸多挑战和纷争，但是王毅没有对一个国家说很冲的重话，真诚合作、求同存异、沟通协商的精神贯穿了王毅回答提问的始终。

王毅最重的话是说给"中国崩溃论""中国威胁论"的宣扬者以及"精日分子"，最严正的批评是针对在南海"挑动是非""炫耀武力"的"一些外部势力"的，当被要求就中美贸易紧张关系以及中印、中日关系进行评价时，王毅均展示了中国的大度和自信，让人感受到中国特色大国外交的不凡气场。

关于"印太战略"，王毅认为当今世界各种话题层出不穷，花样翻新，就像太平洋和印度洋上的浪花，一时引人耳目，转瞬归于平寂，当今时代再搞小圈子对抗没有市场等，尤其让人领略了中国面对外部诸多不确定时的战略定力。

2017 年的中美关系被全球舆论打了高分，中印出了洞朗对峙，但得以和平解决，对两国的战略冷静都形成了一次洗礼。中日、中韩关系都发生改善。南海问题继续降温，中国同东盟的合作进一步巩固。

中欧关系大体是平稳的。

中俄、中国与中东欧、中非、中拉这些长期友好的方向在 2017 年都是继续收获的。中国外交的整体盘子非常稳固，态势向好，北京处理各种问题的回旋余地很大。

中国面临的外交问题受到了西方舆论的突出炒作，而实际上，中国没有明确的敌国，未卷入战争，少数紧张关系处于改善过程中或者管控手段丰富，对外经济合作能力和规模都在提升，国际影响力持续扩大，这样的外交形势对大国来说是相当难得和可喜的。

去年是中国"一带一路"倡议全面进展的一年。西方舆论有一些说三道四的声音，但那些舆论并未有实际作用，"一带一路"实际成就斐然。这种"两岸猿声啼不住，轻舟已过万重山"的气势恰似中国崛起及国家外交总趋势的写照。

稳健是一种力量。去年朝鲜半岛局势紧绷，危机迭起，中国提出"双暂停"和"双轨并进"，美朝兜了一个大圈子，最后回到中国的倡议中。中国这么强的实力，我们看准的事情，最后坐实的概率将越来越高。

中国支持全球化，反对贸易保护主义。中国强调尊重国家主权，对以人权为借口干涉他国内政采取抵制态度。我们还反对冷战思维，主张和平共处及互利共赢。所有这些中国都不是白说说，我们的这些态度必将给 21 世纪国际关系的实际发展脉络打下烙印。

拥有强大力量、愿意承担责任，同时又谦逊、低调，这样的大国会在复杂的时代里更加游刃有余。中国的不扩张首先体现在不随意延伸对国家核心利益的界定和捍卫线上，以及反映在不将自己的意志强加于其他任何国家上。中国的外交稳健始终浸透着这一东方文明特有的战略清醒。

　　世界其他大国崛起到中国这个程度时，早就炮舰开道，去世界上颐指气使了。但中国走向世界的是推土机和起重机，是商贾群和医疗队，还有学生和游客。即使很不喜欢中国崛起的外部力量，在多数情况下也只能嘴上找我们的茬，行动上拿我们没什么办法。

（《环球时报》2018 年 3 月 9 日）

强大海军会让中国崛起更稳更均衡

社　评

中央军委 12 日上午在南海海域隆重举行海上阅兵，中共中央总书记、国家主席、中央军委主席习近平检阅部队并发表重要讲话。这是新中国历史上最大规模的海上阅兵，辽宁舰航母编队和新型核潜艇等装备展示了中国海上力量的全新高度。中国捍卫世界和地区和平的能力今非昔比。

习近平强调，建设强大的人民海军的任务从来没有像今天这样紧迫。这一论述重千钧，既回应了时局，也有强烈历史使命感。

习近平在多个重要报告中说过，我们比历史上任何时期都更接近中华民族伟大复兴的目标。然而历史告诉我们，越是接近一个辉煌目标的时候，越是承压最重、风险越大的时候。包括强大海军在内的强大国防对今天和今后中国的重要性前所未有。

经过 40 年的改革开放，中国崛起为世界第二大经济体，我们的经济潜力得到进一步释放不可阻挡。中国树大招风，这要求国防实力必须加快跟上，形成国家力量的均衡发展。对大国来说，经济发展强劲而国防落后是一种危险的失衡，它可能诱发一些力量通过非经济手段对华谋求竞争优势的非分之想，以及将那些想法付诸行动的冲动。

海上力量是大国现代军事力量最活跃、日常承重最多的部分。一国纵有千军万马，但重要时刻站到最前沿的往往是海军。海军的技术十分复杂，而且很昂贵，要靠国家实力的长期浇筑和提炼。强大的海军只属于大国，它既体现一个国家发展的存量，也是其当下国运的写照。

中国的海军发展一步一个脚印，这次阅兵告诉国人，我们这些年增加的军费没有白花，中国经济实力的一部分正在迅速转化为海军实力。而且可以想见，我们今后做这种转化的能力将越来越强。

大国维护和平的逻辑与中小国家是不一样的，中国必须实事求是地把握我们面对的安全现实，把中国人民解放军打造成不怒自威的和平之师。这个任务的确很紧迫，我们需要与时间赛跑。

外界经常有"中国军事威胁论"的鼓噪，中国人对它们切不可上心。那种论调是对世界第二大经济体有利于世界和平角色的错误定位，也是对中国大国地位的一种歧视。

把中国海军建设成世界一流，我们还有很长的路要走。看看外界一些人对中国参与每一个海外港口建设盯得有多紧，他们对中国海军在海外设立后勤补给点有多敏感，就知道我们建设蓝水海军还面临多少装备以外的阻力。另外，让中国海军作为国家威慑力的工具和砝码进一步"活"起来，需要积累大量经验。

如何在和平崛起的大前提下向外部宣示中国坚决捍卫国家利益的意志，让外界对中国致力于世界和平的责任感与我们对战略挑衅决不姑息的决心产生合二为一的认识，这些都是中国的重大战略命题。

世界有的海军中还有二战时期军舰的身影，而中国海军12日的参阅舰艇一半以上是十八大以来新列装的。中国海军走得很快，我们相信它也会走得很稳，不断实现全面成熟。当中国海军逐渐走向大洋深处时，那个过程一定是中国更安全，世界更和平。

（《环球时报》2018 年 4 月 13 日）

发展国产芯片，中国不能三心二意了

社　评

美国商务部星期一下令禁止美国公司向中国中兴通讯出售产品，中兴将因此蒙受巨大损失。中兴产品有大量进口自美国的元器件，尤其是芯片。消息传出后，中兴 A 股、H 股双双停牌，其美国供应商的股票大幅下跌，最严重的跌了 30% 以上。

美方对中兴的调查由来已久，中兴被指控涉嫌向伊朗和朝鲜运送了受制裁的电信设备。2016 年美方已对中兴有过制裁，2017 年实现和解，但这一次美方称中兴在承诺处罚该公司员工问题上提供了虚假陈述。然而分析人士大多认为，这些不过是美方的借口。

由于此案持续时间很长，美方现在这样做是否意在配合其向中方施加贸易压力，不好下断言。但是这件事肯定会触动中国社会，带动中国上下关于我们必须加快发展芯片等半导体核心技术的思考。

中国的整体技术力量低于美国，但是经过几十年的改革开放，我们也打下了相当的基础，积累了实力。今天的中国如果下决心攻克一个难题，通常是能够做到的。

问题在于我们处在全球化当中，全球化提供了解决问题更廉价的方案，这是一种方便，但也滋生了惰性。当购买芯片比自产芯片更加容易也更便宜时，就会形成一种市场取向，并使得对外部技术的依赖不断固化。

　　中国已经能够生产中低端的芯片，生产更精密的芯片需要更大投入，也需要市场的响应。中国每年进口2000多亿美元的芯片，如果这一巨大市场有相当一部分用来支持国产芯片的发展，那么这一发展就将不可阻挡。而一旦失去了中国的这部分市场，美国的高科技公司继续升级换代产品的后劲将丢掉一大块。

　　过去中国市场不怀疑美国供应商的信誉，没怎么去想美方如果断供会怎么样。但是中兴的遭遇证明了，美方的供应并不可靠。世界供应链在政治面前是脆弱的，美国人已经开始认真考虑如何遏制中国崛起，对华高科技出口限制是它的一直在使用的王牌，它今后很可能会扩大这张王牌的适用范围。

　　中国必须要做好应对更坏情况的准备，形成把本国市场组织起来支持核心技术发展的强大预案。我们不能被美方对华出口松一松、紧一紧而打乱自己开发本国核心技术的节奏，现在到了我们真正下决心的时候。

　　中国是全球最大电信市场，而市场就是力量，我们一直希望以市场换技术，这是有道理的。美方很拒绝我们的做法，那我们就应该用这个市场直接扶持本国高技术公司的研发。或许在一段时间里，我们将比较困难，但这个困难期肯定能够度过，结局将是中国本土公司的技术能力焕然一新。

　　我们肯定不能允许美方将芯片当作大棒对中国挥舞。如果说以往的采购方便让中国发展本国芯片三心二意的话，那么从现在起，我们可以靠美国芯片活得很好的幻想应该破灭了。中国有组织科技攻关的能力，也有推动国产芯片逐渐替代外来芯片所需要的动员力，最重要的就是决心。

　　特朗普政府在帮助我们下这个决心。如果中国真的转换了思路，也许过多少年之后，我们会感谢美国今天做出的限制决定，庆幸它促使中国早一点恢复了清醒。

一旦中国加速研发使用国产芯片的工作全面上路，美国方面的态度也将随之软下来。美国半导体产品还可以进入中国，但到那时主动权将牢牢掌握在我们自己的手里。为了那一格局的转换，我们必须行动。

（《环球时报》2018 年 4 月 18 日）

航母海试，我国防建设的一个寻常点

社　评

　　我国第二艘航母昨天上午从大连造船厂码头启航，开始了第一次海试，引起军迷们的浓厚兴趣。海试是这艘国产航母接近完成制造的信号。

　　不过，从海试到服役毕竟还需要一段时间。辽宁舰从第一次海试到服役用了一年一个月，期间共进行了 10 次海试。一些军事专家分析，由于辽宁舰的建造几乎是一切从零开始，而这艘国产航母已有辽宁舰的经验在手，因此从理论上说后者的海试阶段有望更加顺利些。

　　值得一提的是，航母从下水到海试，都还是造船厂的在建产品，只有到服役，才算归属海军。再到形成战斗力，还需要一段时间。

　　中国正逐渐走向双航母时代，但双航母应当说也只是一个短暂的过渡期。像中国这样的大国，有多艘航母才是正常的。这需要相当长一段时间的积累建设，整个过程中，我们需要保持耐力，也要有一颗平常心。

　　在国家武装力量的各个军种中，海军建设最复杂，最昂贵，迭代升级战斗力的周期也最长。海军对国家综合实力有很强的代表性，是国家威慑力的前沿力量，航母则是综合战略工具。把航母力量发展好，意味着重新勾勒中国武装力量的面孔。

但是仅有航母又是远远不够的，中国国防力量升级是巨大的系统工程，所谓解放军"每时每刻都在变化"，建造新航母只是其中的一个点。军事现代化是长征，它的真正支持力是国家持续的经济发展和科技进步。中国至少还需要几十年时间，让改革开放的成就在国防建设中充分体现出来。

中国人民热爱和平，也正因为这样，我们要不断补上国防的相对短板。中国已经是名副其实的世界第二大经济体，但中国离拥有世界第二强武装力量还有距离。这种不匹配意味着潜在的风险，它不是维护和平的理想状态。

经济实力第二且发展势头继续看好，这很容易吸引来各种地缘政治关注。中国有相匹配的国防力量，可以使一些危险的算计和冲动受到抑制，用非正当手段影响与中国竞争的想入非非就不至于真的付诸行动。

随着中国国力的增强，我们必然要对世界和平与稳定承担更大责任，这是国际社会对中国的普遍要求。但要履责，我们就要有更大的力量，拥有一支强大的蓝水海军是建构这种力量必不可少的要素之一。

必须强调，无论中国现阶段怎么增建舰船，我们与美国海军的差距都是"世纪规模"的。美国现有 11 艘航母，全是核动力的，吨位最大的，一艘的舰载机数量就不止辽宁舰的两艘。另外美国的核潜艇有 70 多艘。一个大国仅仅把这么大规模的力量建造出来，恐怕就需要半个世纪。

与美国海军的这种差距昭示了"三年陆军、三十年空军、百年海军"的道理。建造第二艘航母意味着重要进步，但它不是我们骄傲、甚至冲动的理由。我们需要很清楚自己前行过程中今天所处的位置。

　　没有雄心和热情，我们就会气馁、放弃。没有清醒和耐心，我们就可能出现战略误判，反而置自己于危险之中。中国崛起是对我们信心、意志和智慧的长期检阅，我们必须争取一个高分。

（《环球时报》2018 年 5 月 14 日）

中国战略回旋余地从未像今天这样大

社　评

中美贸易战打响了，一些人担心，它是对中国国运的挑战。这样的危机感不能说是杞人忧天，这场贸易战是中国崛起路上的一道坎，历史将会留下对它的记述。

但把这道坎放到中国改革开放的全程去看，我们对它的认识会更全面。这40年中国经历了好几道大坎，这场贸易战以及由此导致的中美关系紧张能算是最大的坎吗？它引起的社会争论和焦虑是最严重的吗？恐怕都未必是。

改革开放初期直到2000年前后，中国的改革开放有过好几轮震荡和突围。较为严重的通胀、下岗潮都是计划经济时期不曾经历过的挑战，国家当时可以应对它们的资源很少。更严重的是，上世纪80年代末90年代初的那几年，西方联手对中国进行经济制裁，导致中国经济的短时间停滞。

另外，1996年发生重大台海危机，1999年和2001年先后发生北约轰炸中国驻南联盟使馆和中美撞机危机，每一次都是对中国的严峻考验。

经济外交挑战伴随了中国知识分子当中的一些思想争议，对改革开放的目标应该是什么，一些人曾经存在各种认识，坚定走中国特色社会主义道路的共识是在一个过程中逐渐形成巩固的。直到控制住

"法轮功"之前，维护国家稳定可以说走过了一条不断应对挑战的路。

很难比较中美贸易战与之前的挑战哪个更严重，它们的发生逻辑和冲击方式不太一样。但有一点是确定的，中国今天应对挑战的资源最多，回旋空间也最大。

中国社会的综合规模和维度都已今非昔比，这究竟让这个国家更有韧性了，还是被系统性危机击垮的风险更大了呢？应当说，这两条线索都不是空谈，但很重要的一点是，中国社会有化风险为韧性的巨大主动性，而非我们要被动地接受命运安排。

中国现代化总的来说已经上路，中国发展的内在动力机制已经生成，从传统到现实，从文化到政治的诸多元素都成为它的燃料。中国的前进远非一场贸易战就能阻止的，也不是大国关系变动就能动摇的。美国要从外部阻止中国这种规模的文明复兴，这将是人类历史上从未有过的赌博，美国即使付出难以置信的成本和牺牲，也未必管用。

中国崛起是历史大事件，我们能越来越清晰地感知，决定中国崛起命运的还是中国自己做得怎么样，而不是别人如何对待我们。中国的政治体制能否巩固且发扬光大，各项经济和社会改革能否落实，开放的大门是否越开越大，对它们的回答将是决定性的，而非美国在某个时期里对我们的产品征收多高的关税。

实际上，从改革开放全面启动之后，中国就不断被各种不确定性困扰。往未来看，我们一直担心失去战略机遇期。回头看，又发现我们一直处在战略机遇期里。我们每年年初都说，今年很关键，这几年挺过去，以后就会好得多。从大历史的角度看，中国今天遭遇的困难与过去挑战又没有什么不同。

大国崛起都意味着顶级的战略承压，但崛起的后劲不一样，应对挑战的政治策略和哲学方式也会不同，中国崛起不是一次莽撞的碰运气，我们的潜力、历史经验和民族的整体自信都是独一无二的。

中国主张的人类命运共同体是全球化时代的一次思想革命，如果美国非要按照旧思维搞中美国运的零和博弈，那么从历史的大概率看，是中国文明再次复兴的成功可能性高，还是美国霸权持之以恒的可能性高呢？答案几乎是不言而喻的。

（《环球时报》2018 年 7 月 14 日）

对比 2008 和 2018，中国发生了什么

社　评

今天是 8 月 8 日，北京 2008 年奥运会举办 10 周年。回顾那一年中国的不平凡经历，足以令我们感慨万千，也对我们认识时局有启迪意义。

2008 年被一些西方媒体称为"中国元年"，那一年留给人们印象最深的也是北京奥运会。然而真正的 2008 年中国人过得非常坎坷。年初华南地区经历了罕见的冰冻灾害，造成严重经济和社会冲击。3 月 14 日拉萨发生震动世界的打砸抢烧事件。5 月 12 日则发生了夺去约 7 万人生命的汶川大地震。发生了这么多天灾人祸，似乎还不够，同在那一年，中国 A 股从上一年 10 月份的 6124 点一直跌到 1664 点，成为中国股市开市以来最为严重的股灾。

所谓"中国元年"就是这样开始的，奥运会是这一年的喜事，但也招来西方舆论的集体打压。奥运圣火传递在英法美等国的大城市遭到前所未有的抵制，圣火在巴黎传递的过程中甚至被熄灭了 5 次。

2008 年究竟是"中国元年"，还是中国崛起遭遇重大挫折的转折点，当时是看不透的。对那一年的真实定性是之后中国经历的十年确立的。

从 2008 年到 2018 年，中国进一步成长起来，招来的风雨也聚集了更大能量。越来越多的力量站出来，论证中国走错了路。中国发生

的越来越多的事情被西方媒体集体揪住，用来证明它们就是中国从根本上就错了的缩影。中国实力增加了，"中国威胁论"风头更劲。中国经济遇到困难，"中国崩溃论"一副"言之凿凿"的猖獗。

十年之后，中国又被推向风口浪尖。2008 年中国是世界第三大经济体，2018 年中国不仅早已是第二大经济体，而且是世界上两个 GDP 10 万亿美元以上的国家之一，中国今天的经济总量达到美国的 60% 以上，大约是日本、德国、英国的 GDP 之和。

但是今天又有人预言中国将被美国的贸易战压垮，被中国国内的经济及社会问题绊倒。这种论调惊扰了一些中国人，甚至有人悲观地预言：如果搞不好，中国 30 岁以下年轻人的这辈子就洗洗睡吧。

中国作为发展中的大国，注定面临着解决不完的问题。如果不了解中国抗击困难的历史，不了解中国政治体制下这个超大型社会克服、消化问题的独特能力，是很容易被来势汹汹的各种问题吓倒的。

然而一个最简单的问题是：今天的中国是否比 2008 年举办奥运会时强大得多？再往远推，我们是否比 1998 年国企职工大批下岗时更要强大得多？谁能够否认一个基本的事实：恰恰是今天这个时间，中国的综合国力处在新中国成立以来的巅峰之上。

我们今天是世界第一大货物贸易国，而 10 年前不是。中国今天的高铁网四通八达，是全世界最密集的，而 10 年前连京沪高铁都还没有。今天中国市场的汽车销量世界第一，当年也不是。今天中国沉重打击了腐败，社会保障体系往前走了一大步，经过调整之后的经济结构更加健康，而 10 年前的热门话题是腐败严重、经济的粗放型发展不可持续。

我们无法预测中国的下一步经济社会发展呈什么样的轨迹，但非常确定的是，今天的中国有了更多把握这一轨迹的主动性，中国的国家命运在更大程度上掌握在了我们自己手里。

有人说，什么都好，但就是现在很多人的心气不如当年了。这话只有一部分属实。当股市从 6000 点跌到 1600 点的时候，你相信 2008 年的社会上没有沮丧吗？唯一的区别可能是，那一年中国的社交媒体还没有发展起来。

我们的国家经历过无数曲折，当时无比纠结，改革开放的历史从某种意义上说，就是各种不满和困惑不断交替、它们托举、推动着国家的航船向前走的历史。回头看，那些纠结的时刻恰是整个国家向前奔的一个又一个回合。今天我们或许就在一个新的曲折中，但通过对比过去，我们看到历史的惯性；通过一起奋斗，我们应该有能力为历史"动车组"贡献出我们今天的动力。

每一位中国人，无论你做什么工作，多普通，这就是我们共同的时代方位。客观认识它，如同我们给未来的旅行装上卫星定位系统。无论走多远，让我们不跑瞎路。

（《环球时报》2018 年 8 月 8 日）

解放军战力日强，心不正者悲戚戚

社　评

　　美国国防部星期四发布新的年度《中国军力报告》，媒体在第一时间关注了报告中对中国大陆军力的以下陈述：中国正在发展空中核打击能力，也就是将核导弹装到轰炸机上；中国空军可能在训练攻击太平洋上的美国目标；解放军正在为可能的武力统一台湾做准备。

　　军队都是国家底线思维的落实者，为国家可能面临的最坏情况做准备。如果中国出一份《美国军力报告》，描述一下美国军队攻击中国的能力，以及太平洋司令部针对中国大陆的战时准备，该报告一定非常触目惊心，比五角大楼出的《中国军力报告》不知道要耸动多少倍。

　　国际关系不应被大国的底线思维碰撞来引导，因为那样的话，这个世界一定会掉入歇斯底里的军备竞赛，好像每一天都处在大国战略对撞的前夜。

　　中国当然要发展"三位一体"的核打击能力，中国作为世界第二大经济体和战略风险比较多的大国，其核威慑的强大不仅是中国国家安全的基石，也是世界和平的重要平衡器。大国的核力量是军事力量，更是政治力量，中国的核力量不是为了投入到战争中使用，而是为了制止战争发生的可能性。

　　中国最初只有陆基核力量，之后有了核潜艇，补足空基核力量是必走的一步，这不是值得隐瞒的核力量建构方向。

解放军势必发展远程空军，五角大楼怀疑解放军在训练对美军的太平洋基地的空袭能力，这暴露了那些基地很可能在训练针对中国大陆的行动计划，因为这样美军才会心虚，担心那些基地在战时遭到解放军的报复。

在中国远程空军的作战半径之内，有那么多国家和目标，它们怎么就没担心，偏偏美国的太平洋基地感受到潜在威胁了呢？我们这样说根本算不上"脑筋急转弯"，这是再清晰不过的逻辑。

至于武力统一台湾，它是大陆处理台湾问题的最后手段，这一能力建设一直是解放军排在最靠前的战略任务之一。两岸和平统一也要以大陆有能力采取武力统一行动为前提，否则美好的愿望就将沦为空想。大陆武统的能力越不容质疑，"台独"势力越不敢掀大浪，在相反的情况下，"台独"势力就很可能铤而走险。这一道理不仅大陆清楚，美台应该同样清楚。

跳出纷繁的现实挑战和各种应对方案，中国 21 世纪的最大任务是继续发展，实现中华民族的伟大复兴。如果能够避免战争，是再好不过的了。中国已经 30 年未对外发生任何军事冲突，我们很希望这样的和平再延续 30 年，然后还有下一个和平的 30 年。中国大陆的所有军力建设都首先是为了止战。

在发展战略核力量的同时，中国坚持不放弃不首先使用核武器的承诺，我们给自己的核力量上了一把公开的锁。想想看，如果所有核国家也都公开宣布不首先使用核武器，那么我们的世界是否会变得不太一样了呢？

美军对解放军的能力进行技术性分析是一回事，五角大楼对外公布这种分析，引导舆论炒作"中国威胁"，是另一回事。美国作为遥遥领先的第一军费大国，实在没有道德资本宣扬任何国家的军事威胁。当美方那样做得"理直气壮"时，实际上意味着华盛顿的国际道德和良知已经碎了一地。

（《环球时报》2018 年 8 月 18 日）

迎接改革开放新浪潮，中国何惧之有

社　评

"双 11"购物节仅天猫一家就达到 2135 亿元人民币的销售新纪录，"双 11"已成名副其实的全球最大购物节，它堪称民间创造力的鲜明写照。

想想"双 11"2009 年首次推出时只有 5200 万销售额，仅用 10 年时间就做到了闻名全球，这让我们忍不住想：如果中国的营商环境更好些，未来的中国民营企业又将创造什么样的奇迹呢？

近日官方表示，银行对民企的信贷要实现"一二五"目标，总之是要大大降低民企的融资难度和成本，为民企、外企与国企创造更加公平的营商环境。在中央召开民营企业家座谈会并宣布要继续大力发展民营企业之后，上述帮助民企融资的新计划无疑是落实中央决策的重要步骤。

一旦国企、民企、外企之间竞争越来越公平化逐渐成为中国经济治理的基本规则之一，必将对中国的整体经济和社会建设产生非常深刻的牵动。加上中国不断扩大对外开放，将会形成更多推动治理改革的内生动力，经过前几年的准备和铺垫，中国将迎来新一轮变革的大潮。

如今中央的重大改革开放决策在一项一项出来，有些则在放出风声，但社会上仍有一些人将信将疑，尤其对支持改革开放的配套性社会建设缺少思想准备，觉得改革开放与自己无关。这些人有可能跟不上形势的发展，甚至不自觉地做了全面深化改革和扩大对外开放的阻力。

比如他们会怀疑，国家真的会大力发展民营企业吗？那不等于是打压国企吗？他们没有看到，民企贡献的税收、GDP、技术创新、新增就业比例分别达到 50% 多至 90% 以上，不继续发展民企，中国经济如何会有未来？

他们还没有看到，民企的竞争只会倒逼国企改革，倒逼国家减轻国企的负担，让它们的管理更趋合理化，轻装上阵，充分释放自己的活力。

还有一些人担心，民企发展会削弱中国政治制度的基础，这是典型的没有把民企和民营企业家当成"自己人"来看。回头看过去 40 年，中国东南沿海发达省份基本都是民营企业最活跃的地区，那里与落后地区相比更加脱离了中国特色社会主义道路了吗？在那些省份里，党实施领导社会的资源变多了还是变少了呢？

推动改革开放必须在思想上更加解放。这当中首先涉及我们对世界的认识。中国是社会主义国家，与主要西方国家同时存在意识形态和地缘政治竞争。我们经常面对压力和干涉，以既坚决又理性、冷静的方式回应这种形势对我们来说至关重要。

总的来说，无论受到多大压力，坚持对外开放都是中国的不二选择。一旦关上国门，在不断增加与西方的对立中强化自己的价值识别，构建对抗性的凝聚力，那就等于走上苏联的老路。我们看到，中央选择的是沉着应对、用继续开放和做好自己事情化解风险的中国方案。这是建立在高度自信和清醒之上的战略大手笔。

准确认识世界和认识自己往往是一个思想硬币的两面。中国的内外政策也总是联动的，开放与改革必然是孪生兄弟。中国必须形成适应复杂对外关系的强大社会建构，而一旦治理出现僵化，缺少活力的中国社会不可能经得起对外开放的冲刷。中国需要有不惧任何风雨的制度韧性和能装得下各种问题及利益纠纷的官民互动机制。

"双11"购物节销售额的再创纪录，以及高铁交通、黄金周旅游消费年年提升这些我们老百姓看得见、摸得着的东西，展现了中国发展的巨大潜力。经济发展是社会信心最重要的来源之一，继续推动经济发展就必须鼓励改革开放下的社会活跃，而这一切又会增加社会治理的复杂度。

我们能这样走下去吗？回答是我们必须这样走下去，因为没有退路。我们应当铸就的是中国特色社会主义道路成功穿越这些地带的新的辉煌。

《环球时报》编辑部想提醒大家，千万别低估了中国社会在前进道路上对各种问题和风险的承受力。新中国成立以来我们经历过多少挺"悬"的事，那时我们的国力非常孱弱。而今天国家的实力如此强大，又有党的坚强领导，我们何惧之有！

（《环球时报》2018 年 11 月 13 日）

中国民营企业家，岂止马云是党员

社　评

在一份改革开放 100 名突出贡献者名单中，马云榜上有名。对他的介绍显示，他是中共党员。这个信息在中国国内也引起了舆论的一定兴趣，但远没有西方舆论的报道和关注量大。

西方主流媒体几乎都报道了马云是中共党员的消息，而且很多做了在中国人看来颇为奇怪的解读。比如一些西方媒体认为这个时候公布马云的党员身份，是为了强化中共的影响力和公信力。还有的西方媒体质疑：如果党的利益和股东的利益发生了冲突，会怎么样？

这些报道在总体灌输这样一种印象：马云不是正常的企业家。那些媒体就差把马云说成是一个世界经济的"渗透者"或者"特务"了。

它们显示了西方媒体对中国体制的巨大误解和偏见，一个在中国再正常不过的事情，被当作了"异端"来描述。这让我们怀疑，一部分西方舆论精英对中国的误读越来越有了"宗教偏见"般的固执。

当然了，也不排除有一部分西方媒体原本就对中国电商的风生水起不满，借机"黑"阿里巴巴一把，故作惊诧状。

总的来看，一些西媒把对中国体制的攻击作为了对中国崛起不满的发泄口，从西方价值坐标炒作马云是中共党员这件事，是这方面蛮典型的表现。

其实中国的民营企业家是党员的有很多，著名企业家梁稳根、王健林、许家印、柳传志等也是。这一定程度上折射了中共与改革开放成就的深度关系。党的事业是为人民谋幸福，为中华民族谋复兴，这与优秀民营企业的社会责任高度重合。探讨党的利益与民营企业利益之间的矛盾，大多数中国人会认为这是个伪命题。

在中国也有少数人挑拨民营企业和党的关系，但这种人总是一露头就遭到舆论自发的口诛笔伐。

西方普通人误读社会主义和共产党，是可以理解的。但西方精英持那么深的偏见，就是狭隘和短视的。

中国以极其薄弱的经济发展基础实现了国民经济的高速增长，经济社会的方方面面取得惊人成就，这是一个非正常社会所能做到的吗？事实上，中国在最近几十年所实现的经济社会进步幅度是全世界最大的，这恰恰是中国体制总体上健康、合理的证据。不能够正视这个证据，这是西方精英整体思想能力的悲哀。

不仅民营企业家，中国大部分领域的优秀分子都有很高比例是中共党员。中共是中国建设的中坚力量，它不仅是中国的领导者，也是为推动国家前进冲在一线的生力军。中国社会对中共党员所发挥的积极作用给了正面的肯定，这是毋庸置疑的。

由于中共有 8900 多万党员，这么大的队伍，必然也有其复杂性，但是西方认真的中国研究者应当能够分辨出什么是中共这支队伍的主流，其存在问题的性质又是什么。

马云是中共党员，这是 14 亿人的中国社会认为正常且欢迎的信息，马云的事业又为互联网时代的进步提供了推力。因这个消息而感觉不舒服的西方人有必要反思自己的价值坐标是否出了问题，而拒绝这样的反思大概只能被解读为不该有的傲慢与偏执。

（《环球时报》2018 年 11 月 29 日）

为什么说改革开放是中国唯一的路

社　评

　　一段时间以来，中国不断强调深化改革开放这一基本国策，习近平总书记将在 12 月 18 日改革开放 40 周年时发表重要讲话，将中国的这一政策宣示推向高潮。

　　改革开放不是口号，它是过去 40 年中国实际走过的道路，必须改革开放也已经成为中国社会坚定的信仰。国家接下来将继续深化改革开放，这是绝大多数中国人对未来的预期，一时的困难或者来自外部世界的不确定性，都无法改变人们的这一预期。

　　根本原因在于，人们普遍相信，深化改革开放是中国当下和今后唯一要走、也唯一能走的道路。

　　中国的体制不是一种现状维持机制，它有促成中国社会前进的天然使命。中国共产党总是制定很明确的阶段性任务，向公众承诺国家远高于同时代世界平均速度的发展蓝图。经济停滞、民生萧条，在大多数国家里"体制"和"道路"是不用承担责任的，但在中国不是这样。能够为经济社会发展提供强劲的动力，是中共向人民立下的"军令状"。

　　十一届三中全会至今的 40 年，从邓小平到习近平，几代中共领导人带领国家励精图治、锐意创新，实现了惊世的进步和飞跃，未来几十年，中国的发展仍将是世界大国中最好的之一，这一结果是必须实现的，没有一旦、假如等用来解释万一达不到这个目标的托词。

那么中国要继续跑快跑稳，除了深度挖掘内部发展的潜力，调动全社会的各种积极性，以及把整个世界变成中国进一步发展的舞台，别无他择。

中国的国有经济对稳定发展大局至关重要，但仅靠国企，创新、挖潜的动力远远不够。进一步发展市场经济，鼓励民营企业壮大，不断形成在公平竞争环境下千帆竞发的新局面，这是中国社会已经形成的认识。不久前举行的民营企业家座谈会将这一认识在国家最高层面进行了重申和强化。

对外开放的外部环境今年以来可以说是多年来最复杂的时期之一了。中国对外开放的决心如果不坚定，诚意不足，那么是很容易一怒之下将国家力量朝着对抗方向进行动员的。但是中国没有这样做，国家在坚持原则的同时，也展现了耐心和弹性，化解外部不利因素，而非纠结于是否开展"决战"，成为国家的战略选择。

因为中国经济与世界经济已经深度融合，当下遇到的对外交流障碍只有通过进一步的对外开放积累我方主动性加以克服、化解，我们回头朝着身后找路，是找不到的。

中国公众需要了解的是，今天的世界格局和中国社会的内部面貌都与改革开放早期相比有了深刻变化。中国当年在世界上的实力位置顶多相当于今天的印度，我们可以比较"单纯"地释放自己的需求，得到与我们在意识形态上格格不入西方世界的支持和赞许。而今天中国被美国当成了头号"战略对手"，我们的行为方式注定要高度复杂化，统筹应对国家从安全到发展的各种风险和挑战。

我们看到，国家在不同时间、不同方向上经常有针对性极强的政策出台，它们不是都能够被当作基本国策的简单化信号加以解读。

看到政府对某个西方国家的贸易及其他挑衅性行为开展反制，或者为了维护国家宪法秩序而对某些破坏性力量进行依法限制和打击，就一惊一乍地宣称改开"在倒退"，这是非常短视、幼稚的。

今后的改革开放很可能会有一些新的戏剧性，中国前所未有的庞大体量和我们在世界格局中的新位置会决定未来的改开进程呈现出我们过去不熟悉的面貌。什么叫改革开放，这样的争论也会长期伴随我们，一些人和力量会希望由自己来引导中国社会对改开的认识，夺取意识形态的优势。

我们想说的是，中共当年发起了改革开放，领导全国人民经 40 载努力取得了辉煌成就。事实证明，中共的远见和政治定力是改开不断成功的决定性因素。改开继往开来之际，坚定地团结在以习近平同志为核心的党中央周围，毫无疑问是中国社会强有力应对各种变局的根本政治保障。

（《环球时报》2018 年 12 月 18 日）

中国改开将进行到底，世界无需怀疑

社　评

"改革开放是我们党的一次伟大觉醒"，中国要"将改革开放进行到底"，这是在 18 日庆祝改革开放 40 周年大会上，习近平为全党、全国各族人民，以及面向整个世界所作的总结。他讲话的很多金句迅速流传开来，高度契合了整个中国社会对改革开放的拥护，以及进一步深化改革开放的决心。

改革开放是伟大的实践过程，从邓小平到江泽民、胡锦涛，再到习近平，几代领导人带领全党和全国人民应对了当时不同的国内外挑战，中国特色社会主义道路是一步一步走出来的，中国改革开放堪称人类发展史上的伟大创举。

对比今天的中国和 1978 年的中国，经济实力按美元计算翻了八十多倍，国家跨越了从苏联解体及冷战结束到金融危机，以及阿拉伯之春等一系列变迁，中国的经济飞速增长、社会转型与政治道路的稳定性形成惊世的契合。中国改革开放没有成为引爆的原子弹，而是不断加入新机组的核电站，绵延不绝地释放能量。

改革与发展在这个世界上并不稀罕，自我坚持也不稀罕，真正让世界拍案叫绝的是中国这么大的体量，能同时让改革、发展、稳定形成极值一般的绝配。眼看着一个个国家和体制的"改革"突然就变成了"革命"，它们如今已经消失在历史中，而中国的改革开放继续如沐春风，这当中的经验极其让人震撼。

因为不仅走得快，而且走得长，所以中共领导的改革开放把这个国家奇迹般地带到了世界第二大经济体的位置上。1978 年中国的人均 GDP 仅为印度的 3/4，今天我们是印度的大约 4 倍。当然，我们没有理由自满，因为中国的人均收入与发达国家仍存在巨大差距，中国的现代化之路任重而道远。

展望未来，我们的力量强了，资源更多了，但任务也更富有挑战性了，前方的不确定性与我们的实力规模在同比例扩大。

改革开放早期，中国人肯干、肯吃苦就能得到回报。现在不一样了，经济活动的风险不断上升，企业同时面临国内市场和国际市场的竞争。国家新的经济增长点都有哪些，新动力如何塑造，都不是出一个政策就能够解决的，而需要艰难、甚至有较高代价的探索。

中国经济的很多要素在自我嬗变，其中最突出的就是劳动力价格的增长。与此同时，企业的环保成本、安全成本也都增加了，中国企业如何在国际竞争中保持原有优势、创造新优势，是个战略性问题。

中国国内利益分化比想象的要快很多，这导致了形成共识越来越难。过去大家都比较穷，改善物质生活水平和积累财富是绝大多数人的第一目标。现在人们的物质条件有了一些群体性差别，不同群体的主要诉求也不太一样了，一些新问题来得很快、很猛，很容易在互联网时代形成焦虑和紧张。

腐败问题得到强有力遏制后，贫富分化问题更加凸显了出来。现在不光有收入差距问题，财产差距也成为关注点。利益分化会导致思想分化，增加在重大问题上凝聚全社会共识的难度。

除了内部问题，外部挑战带给改革开放的战略压力正在出现量级的增加。习近平 18 日的讲话中指出，"未来必定会面临这样那样的风险挑战，甚至会遇到难以想象的惊涛骇浪"。总的来看，由于中国驾驭国际风险的工具要少于针对国内问题的工具，我们应尤其准备好应对来自外部的特殊挑战。

习近平强调了今后必须做到的九个坚持，其中将必须坚持党对一切工作的领导，不断加强和改善党的领导放在了首位。他同时指出党要坚持科学执政、民主执政、依法执政。过去 40 年的经验告诉我们，这是中国改革开放事业不断成功的根本保障。

中国现代化的机器已经运转起来，我们的确没有退路。有以习近平同志为核心的党中央的坚强领导，中国就有资本和能力迎难而上。那些突出的困难从本质上说绝大部分都是我们壮大起来的副产品，是我们因为走上了成长之路才会面对的。跟党走，用更加坚定的改革开放战胜它们，实为当代和未来中国人民的不二选择。

（《环球时报》2018 年 12 月 19 日）

改革开放40年，成功秘诀何在

张维为

改革开放走过整整40个年头，中国以西方不认可的模式迅速崛起，震撼了世界。中国按购买力平价已成为世界最大的经济体，建立了世界上较为完整的产业链，形成了世界最大的中产阶层，向全世界输出最多的游客，成为世界经济增长的最大引擎，还基本实现了全民医保和养老。中国如何取得如此之成就？回答这个问题需要进行国际比较。

学习西方，亦坚持自我

首先，与发展中国家比较。过去数十年，发展中国家大致采用了两种发展模式：一种是全盘照搬西方，特别是政治和经济制度几乎完全照抄西方；另一种是全盘否定西方，举民族主义之旗，走与西方隔绝之路。但两者效果都不佳。全盘照搬西方的国家多数陷入政治机器空转，部落、种族、宗教矛盾激化，百姓生活长期得不到改善。即使少数没有陷入动乱的国家，也无力实现国家的工业化和现代化。而全盘否定西方的国家则大多陷入民粹主义泛滥，资金、市场和技术匮乏，民生艰难的境地。

中国避免了这两种极端的选择。从改革开放一开始，中国就决定学习和借鉴人类文明一切有益的东西，但在这个过程中绝不放弃自我。1988 年 5 月，一位非洲总统访华时曾问邓小平，如何与西方打交道，邓回答了四个字："趋利避害。"他希望邓小平谈谈中国改革开放的主要经验，邓小平说："解放思想、独立思考，从自己的实际出发来制定政策。不但经济问题如此，政治问题也如此。"

回望这些年西方推动的全球化，本质上是新自由主义的全球化。包含了所谓的"自由化、私有化、市场化、民主化"等。中国认为经济全球化是历史大势，中国应该顺势而为，但全球化也是一把双刃剑，处理得好，给人民带来福祉，处理得不好，会带来灾难，所以中国在对外开放的过程中采取了趋利避害的战略。

中国明确把全球化界定为经济全球化，而非政治全球化。中国不仅不放弃社会主义，而且还用社会主义的优势来驾驭西方主导的新自由主义全球化，最终超越资本主义。这使中国在全球化进程中脱颖而出，绝大多数中国老百姓成了全球化的受益者。相比之下，许多发展中国家拥抱了全球化，却经历了一场接一场的危机，往往不是它们"利用"了外资，而是整个国家的经济命脉都被外国资本控制，甚至老百姓财富被华尔街金融大鳄洗劫一空。

从实际出发，稳健改革

其次，与转型经济国家或社会主义国家比较。这些国家主要采用了两种改革模式：一种是"激进改革模式"，另一种是"保守改革模式"。前者的特点是"双休克疗法"，即以西方政治模式为蓝本一下子把一党制变成多党制；以西方经济学教科书为蓝本，一夜之间完成了所谓经济自由化和私有化。"双休克疗法"的结果几乎是灾难性的。

苏联领导人戈尔巴乔夫选择了这种模式，结果苏联迅速解体，经济全面崩溃，人民生活水平急剧下降。

"保守改革模式"在政治上和经济上坚持原有体制，计划经济为主，辅之于极为有限的市场调节。这些国家对市场经济、全球化和互联网充满恐惧，始终未能建立起真正具有国际竞争力的经济和政治体制，人民生活水平的改善十分有限。

中国避免了这两种选择，中国采取的是"稳健改革模式"，其最大特点是大规模经济改革，辅之以必要的政治改革，为经济改革铺平道路，最终落实到民生的显著改善。以经济改革为例，中国借鉴了西方的市场经济之长，发挥了市场支配资源的效率，但也发挥了社会主义宏观平衡的优势，使中国成为世界上唯一没有陷入金融危机和经济危机、人民生活水平大幅提高的主要经济体，现在还走到了世界第四次工业革命的前沿。

不断探索，规避陷阱

最后，与西方国家比较。西方过去数十年向全世界推销最多的就是民主化和市场化，亦可称为"民主原教旨主义"和"市场原教旨主义"。大概忽悠别人的事情做得太多了，结果西方自己也真信这些东西，把自己一并忽悠进去。西方话语创造了无数的所谓陷阱，如"中等收入陷阱""修昔底德陷阱""塔西佗陷阱"等等。其实，过去数十年，最大的陷阱就是两个，即"民主原教旨主义陷阱"和"市场原教旨主义陷阱"。凡是克服这两个陷阱的就成功了，如中国。凡是陷入这两个陷阱的就失败或走衰，如不少西方国家和许多非西方国家。

"市场原教旨主义"使西方许多国家陷入了金融危机、债务危机和经济危机，多数百姓的实际收入二十多年没有提高。西方推动"民主原教旨主义"，把互联网变成了对他国进行政权更迭的工具，结果是搬起石头砸自己的脚："阿拉伯之春"变成了"阿拉伯之冬"，大量难民逃离战乱涌入欧洲，造成欧洲今天最大的政治危机；美国政坛也出现巨变，一些人说这简直是美国自己的一场"政权更迭"，在这场变革中新社交媒体发挥了关键作用。

相比之下，中国成功避免了这两种原教旨主义的陷阱。在市场问题上，中国坚持"社会主义市场经济"，把市场的作用和政府的作用有机结合起来，这个模式，虽然还在完善之中，但已经带来中国的迅速崛起。在民主问题上也是一样，虽然中国的探索还在进行之中，但我们可以说中国"选拔＋选举"的制度总体上优于只是依赖选举的西方制度；中国从上到下普遍实践的协商民主总体上高于西方愈来愈民粹的民主；中国的战略规划与执行能力及社会整合能力也明显强于西方国家。

回望过去 40 年，真是感慨万千。我们不是没有磕磕碰碰，不是没有犯错误，但在涉及国家发展道路的战略抉择上，我们做出了正确的选择，中国也因此而全方位和平崛起，成为世界上为数不多的真正找到成功之路的伟大国家。

（作者是复旦大学中国研究院院长；

《环球时报》2018 年 8 月 2 日）

中国改革开放 40 年释放的信息

达尼洛·图尔克（Danilo Türk）

过去 40 年里，全世界目睹了一个历史性变化，即中国在其改革开放历程中不仅成功使 8 亿人口脱贫，还对整个世界经济的发展产生非常积极的影响。

回顾我的个人经历，在 2001 年担任联合国政治事务助理秘书长期间，我曾参加一场由时任中国全国人大常委会委员长李鹏和时任联合国秘书长安南共同出席的会议。李鹏委员长在会上说，中国不仅会实现联合国重申的千年发展目标，还会对此目标的实现做出令世人瞩目的贡献。中国确实做到了这一点，无论自身国内发展还是对国际社会都履行了承诺，这都极大提升了中国自身及其政策导向的可信度。改革开放 40 年传达出的第一条信息，就是中国已证明了自身及在发展政策上极高的公信力。

并非所有人都对中国未来在全球中扮演的角色持正面态度。有些人惧怕中国和西方之间的竞争，还有人甚至认为根据所谓的"修昔底德陷阱"原理，中国终究无法逃脱历史的轨迹而将与西方发生战争。当然，也有乐观的观点认为冲突是可以避免的，合作是可持续的。要理解这种乐观态度，我们必须首先要了解我们所处世界的本质和它正在经历着的变化。其次，我们在处理大大小小的国际问题上都应朝着互惠互利和双赢的方向努力。

现在我们已经处在一个多极化的世界，这个时代对传统上"权力平衡"的政治考虑将更深远。多极化时代意味着一个更加相互依存的世界，但同时，对于"现代化""国内秩序"以及"国家合法性"等概念也存在着明显的多元理解。为了建立一个与 21 世纪相匹配的新的世界秩序，对这些概念的不同定义必须要有清晰的认知。

在这个多极化世界中，中国将成为一个主要参与者，而且有可能是最关键的参与者。中国的国际力量会随发展中国家日益重要的发展前景而增强，这始于半个世纪前这些发展中国家开始的"去殖民化"进程。现阶段中国的影响力较之过去几年已有明显增强，这点值得关注。

世界"去殖民化"进程始于二战结束之后，也是中华人民共和国成立之前不久。上世纪 70 年代中期，即中国改革开放前夕，这些发展中国家已逐渐形成一个属于它们自己的新的世界经济秩序。这个过程导致国际舞台上出现了一些强有力的新参与者，产生了面向未来的巨大需求和机遇。因此，中国改革开放传达的第二条信息，就是中国的进步和全球发展中国家的进步是历史性的融合。

第三条信息是过去 40 年中两极化全球格局瓦解，新的国际体系包含多个相互重叠的框架，竞争是这个体系的固有因素。在任何具有全球意义的问题上，总会有几个强大的国家参与其中。这就是对多极化世界的概念性理解，其中掺杂着新旧利益攸关方之间的各种交杂互动。虽然中美之间的互动越来越重要，却不可能再把世界带入一个冷战时期那样的两极化世界。

把中美关系看成是双边性的零和博弈是错误的。除了双方的利益与损失是并存的，在这个多极化时代里，每个大事件发生时，也总会有超过两个的国家参与其中。"两极化"这一概念已不符合我们当前时代的需要，更不用说据此来制定明智的政策了。中国和美国都必须考虑当今国际舞台上的其他参与者，比如俄罗斯、欧盟、印度、日本、其他众多发展中国家，以及金砖国家、七国集团等。

过去 40 年已经改变中国和世界。对中国自身而言，改革开放 40 年，中国政策公信力逐渐达到历史最高水平。对世界而言，这 40 年也改变了那些摆脱殖民统治的国家，使之成为未来发展的重要动因，并消除了阻碍全球进步的两极化。这三个信息结合在一起，为中国未来在全球发挥关键角色提供了一个重大的机遇和责任。

（作者是斯洛文尼亚前总统，中国人民大学重阳金融研究院外籍高级研究员；《环球时报》2018 年 8 月 10 日）

中国的开放在做加法而非减法

程亚文

改革开放 40 年后，"开放"仍是中国语境中的热词。与中国对"开放"的反复宣示相映成趣，最近几年西方媒体和政治家却越来越多地认为，中国正走向"保守"。为何会有这种反差？观察西方的舆论变化不难发现，部分原因在于，中国近年来对内对外的一些新举措不符合西方预期。而更重要的原因是，中国今天着力推进的"开放"，在目标、内容和方式上，与过去比都已发生变化，西方观察者们还没适应。

改革开放已走过四个十年，在中国经济与全球经济逐渐融为一体的过程中，西方以往对中国的开放也形成一定的惯性认识。用中国自己曾经的语言说，这个"开放"模式是"融入人类文明主流""与国际接轨"。这个"主流"实际是指西方文明，这个"国际"指的也是西方。过去相当长时间内，中国的开放主要是向西方开放、从西方学习经验，而西方也习惯性地认为中国向其学习靠拢才是开放。

但这种两厢情愿的"开放"叙事近年来发生极大转变，"接轨""融入"这样的词语越来越少见于中国媒体，对"人类文明主流""国际"是什么，也不再如以往那样有确定含义。一种新的对外开放追求正在出现，中国也需推进新的开放策略。

不久前与一位学者朋友闲聊，笔者认为 1978 年中国转向改革开放是因时就势，对化解当年中国面对的主要问题非常必要。当年中国在发展水平上严重落后于发达国家，迫切需要解决的问题是贫困，所以很长时间以来，对外开放主要是向西方国家开放，改革也主要是向西方取经。但中国近年来面对的问题和挑战变成了腐败问题、社会不公、环境破坏和生态污染、区域发展失衡等，它们很大程度上是伴随改革开放而来的负资产。如果继续沿用以往的改革开放策略，只会加剧问题和挑战。

朋友在回应中也谈到对改革开放成果的评价问题。改革开放的一个现象和结果，是中国汇入了"人类文明主流"，参与了全球化大合唱。那么中国究竟是全球化的受益者还是受损者？美国总统特朗普认为中国在全球化中受益而美国受损了，不少中国学者也认为中国是全球化的最大受益者。中国肯定是受益了，但认真计算的话，受益与受损的量究竟哪个大，很可能不是人们通常想象的那样。

如何认识和评价以往的改革开放？当前中国社会思潮中有两种相互对立的意见：一种认为中国在改革开放中丢失了很多东西，是损失者，意图借此全面否定改革开放；另一种认为中国在改革开放中很多方面取得进步，所以应按部就班沿着以往的改革开放路径继续走下去。笔者觉得，计算改革开放的得失是需要的，这样才能对它有更加具体和全面的认识，但不能因为有"失"的一面，就导向对改革开放的否定。毕竟，再好的战略取向或具体政策，在不同时空背景下也可能发挥出不同效应。

以往的改革开放解决了中国在 40 年前所要解决的主要问题，现在来看无疑取得了成功。但中国近些年来面对的问题和挑战已明显有别于过去，所处的国际环境和国内语境也与以往不同。过去中国尽力接入的西方之"轨"已经锈迹斑斑，一些西方国家甚至试图再建新

"轨"，而且不再让中国"入轨"了。在西方不仅没能力、也不再有意愿继续给中国提供市场、技术和经验的情况下，中国该怎么办？以往要"融入人类文明主流"的那个"主流"所在之地，自身都已陷入不自信的情绪，那我们还要继续"融入"吗？答案不言自明。

正在寻求和推进新开放策略的中国，当然不会像西方某些人担心的那样"保守""内向"，相反，中国需要、也必定会展现更高的开放性。中国近年来提出"一带一路"倡议、推动构建人类命运共同体、积极介入全球治理以及对自由贸易和多边体系的捍卫，都不是从开放中退却，而是实施新的深化改革开放策略。其特点表现在，对外开放的视野范围已由以往拘于西方而面向全球，对非西方国家的重视程度大幅提升；由过去重视对外部世界开放，转而同样重视促进外部世界对中国开放；往昔对外开放中对外资的特殊优惠政策逐渐取消，转而实施内外资一视同仁的均等政策，保护了开放的公正性。

还要看到，中国今天的开放做的是加法而非减法，并不是以排斥西方为前提，而是在相当程度上包容了以往的开放模式。中国仍会坚持对西方开放，在能开拓出新合作的领域还是会去开拓；西方好的经验，中国也还是会学习。但一味以西方为尊的时代，显然已经成过去式了。

（作者是上海外国语大学国际关系与公共事务学院教授、盘古智库学术委员；《环球时报》2018 年 8 月 16 日）

篇 二

强国外交

———————

环球时报年度评论选（2018）

国强不霸，第一个实践它的必是中国

社　评

　　国家主席习近平 18 日在庆祝改革开放 40 周年大会上说，中国决不会以牺牲别国利益为代价来发展自己，也决不放弃自己的正当权益。中国奉行防御性的国防政策，中国发展不对任何国家构成威胁。中国无论发展到什么程度都永远不称霸。

　　一些西方精英，尤其是美国精英从西方的历史逻辑审视中国崛起，深信中国也会走"国强必霸"的老路。中国改革开放 40 周年应被当成中外共同探讨、缓解这个疙瘩的一个契机。

　　这些年，中外摩擦总体呈上升趋势，但应当看到，它们大部分是中外交流大规模增加的副产品，或者一些老问题的升级，而且多数情况下都得到了有效管控。它们没有一个是中国更强大之后主动挑起，并且按照实力规则试图压倒对方的摊牌式对抗。

　　外界描述中国"野心"最常用的例子就是南沙岛礁建设。必须指出，我们的扩建不仅是在自己实际控制的岛礁上开展的，而且这样的扩建符合国际法，部署适当的防御性武器也不是为了欺负别人，整个过程中方推进得很谨慎，最大限度地照顾了相关国家的感受。目前中国与其他南海声索国对主权争议做了有效管控，纷争的烈度大为下降。

　　美国在南海采取咄咄逼人的态度，中国亦保持了克制，我们为南海地区的和平与合作做出了重要贡献。如果中国有穷兵黩武的倾向，南海大概不会如今天这般平静。

中国的防御性政策和心理实际扩展到了国防之外的广阔领域。几乎所有中国与泛西方的摩擦，尤其是中美摩擦，第一步都是对方迈出的，中国是做出反应的一方。比如中日靖国神社摩擦、中美贸易战等等，都是如此。

有一些摩擦是中西不同体制造成的，比如中西对人权定义与关注点不同，中国在国家安全的底线上采取法律措施，遭到西方从人权角度的指责，这是对话的错位。

至于西方指责中国孔子学院等"搞渗透"，是中国人完全没想到的。在这种情况下，中方往往不拒绝做出适当调整，缓和西方的顾虑。这与中国抗议西方对我方搞渗透，而西方毫无克制的意思，反而变本加厉，形成巨大反差。比如上文所说西方以人权名义干涉中国内部事务，就是这样。

中国倡议"一带一路"，美国等个别国家反对，但很多沿线国家欢迎并积极参与"一带一路"建设。给这种互利共赢的合作贴地缘政治标签，美国等应当反思自己的心态。

说到贸易，中美之间发生了剧烈纷争，中国一方面反制美国的打压，一方面展现了积极的谈判姿态。而且在美国挑起贸易战之前，中国就已在主动推出更多开放措施。中国的贸易政策没有受到政治和军事力量的推动，完全是与各国在谈判和互动中形成的，并且有可商谈性，这与美国的贸易大棒政策是一回事吗？

我们想说的是，中国的确是抱着合作共赢的态度走向世界的。我们有自己的核心利益，对捍卫它们的态度很坚决。走出核心利益圈，我们的基本方略是建立、扩大共同利益。我们的核心利益圈绝大多数情况下远离其他国家的核心利益，只是在一些领土和海洋权益上，不同国家的重要利益出现叠加。中国总体上证明了自己解决领土问题的耐心和克制。

外界对中国存在大量误解，有些国家和舆论力量刻意放大误读，其中有一部分对华施压的意思。其实，中国 30 年没有卷入任何对外战争，我们是最积极主张用谈判解决分歧的大国。可以肯定地说，世界上从未有过如此和平、克制的全球第二大力量。

全中国社会高度拥护改革开放的基本国策，希望和平发展。尽管人类历史上没有过"国强不霸"的经验，但如果这个规律终将被打破的话，那么率先打破它的一定是中国。世界应该共同推动这样的可能性成为现实。

（《环球时报》2018 年 12 月 19 日）

习普会为中俄战略协作不断注力续能

社　评

　　俄罗斯总统普京星期五抵达中国，开始他新任期以来的首次对华国事访问，并出席在青岛举行的上合峰会。这也是习近平主席开始新的任期以来与普京的首次会面。去年习普会一共有过 5 次，中俄领导人每次见面都对巩固中俄全面战略协作伙伴关系，继续拓宽两国的合作领域具有重要意义。

　　作为普京这次访华一项颇具吸引力的日程，习近平主席星期五下午在人民大会堂金色大厅为普京颁授了新设立的中华人民共和国"友谊勋章"，普京成为获得该勋章的第一人。这无疑是让中俄两国社会都倍感高兴的事情。

　　近年来，国际战略环境出现了诸多复杂变化，这期间中俄全面战略协作伙伴关系为两国各自外交格局的稳定提供了支持，也对全球战略稳定和平衡发挥了建设性作用。中俄走近有有利的时代条件，也会不时受到各种力量的干扰，两国决策者坚定发展中俄关系的战略决心和为此发挥的领导力成为决定性因素。

　　在"战略伙伴"这一外交辞令有些贬值的 21 世纪，中俄两国却为国家之间开展结伴不结盟的全面战略协作树立了真正典范。中俄全面战略协作伙伴关系对大国关系有创新意义，它高度平等、互利，而且表现出空前的可持续性，对一系列双边和多边的建设性机制发挥了基石作用。

中俄有着世界上比较长的陆上边界，它也已经成为最和平的边界之一。中俄界河黑龙江上的第一座大桥即将建成，另一座大桥也在建设中，中俄边境地区正从和平稳定朝着进一步的合作与繁荣逐渐迈进。

西方舆论对中俄两国和两国关系的负面说辞相当多，然而西方不代表世界。中俄两国的战略定力是世界和平与公正的重要力量源泉之一，中俄的相互支持带动了 21 世纪国际关系的正气，为保护人类文明的多样性做出突出贡献。

中俄关系的开放性非常可贵。全面战略协作伙伴关系对两国有"背靠背"的意义，两国同时对发展与其他大国、包括与西方的关系都持积极态度。中俄关系没有被两国当做与其他国家敌对的筹码，而是起到了推动两国与世界交往的积极作用。有一个强有力的朋友，你交其他朋友时会更容易些，而非其他朋友对你就变得不重要了，这一直是中俄关系的价值取向。

两国社会应当高度珍惜中俄全面战略协作的良好局面，不仅要多做有利于两国友好合作的事，而且要不断推动两国民间舆论的相向而行。毋庸讳言，两国舆论中总存在那么一点将对方视为潜在威胁的极端声音，它们与西方挑拨中俄关系的舆论形成客观上的遥相呼应，是一种不应放纵的噪音。

比如在中国舆论场上，模仿西方舆论的腔调批评与俄罗斯太紧密了被少数人当做"理性""有思想"的表现加以炫耀，似乎中国与俄罗斯走近不如靠近西方那样"高尚"。在俄罗斯舆论场上大概也有针对中国的类似情形。这些实际上反映了两国社会中少数人受到了西方价值观的洗脑，在对国家利益的认识上视野窄，格局也不高。

上合峰会将在星期六开始举行，中俄关系平等、互利、协作等精神也深刻影响了这个组织的一路发展。西方舆论总能从中俄和上合成员国之间找出各种分歧，但是这些国家的合作就是蒸蒸日上。新型国际关系的魅力大概就在于此。

（《环球时报》2018 年 6 月 9 日）

中国塑造周边能力已强于美国破坏

社　评

2018 年的中国周边充满了暖色调，周边国家的对华关系没有出现一场危机级别的冲突或摩擦，前几年与中国关系比较紧张的几个国家都在同我们改善关系，就中国周边关系的全景来说，现在堪称处在最好的时期之一。

中朝、中印、中日、中韩几组双边关系齐头并进改善，还有南海局势的进一步缓和，南海行为准则谈判进入快车道，这一切可谓重塑了中国周边环境。与此同时，中俄全面战略协作伙伴关系继续发展，中亚五国对华友好关系非常稳定。

周边外交对所有国家来说都至关重要，而处理好周边外交又并非很容易。举望世界，邻国关系冷淡甚至敌对的情况比比皆是，而这种情况对外交资源的消耗常常是无底洞。

中国处理周边关系的难度其实很高，这首先是因为中国是拥有邻国最多的国家，而且周边地区的人口也很稠密。二是因为西方列强对中国及周边的殖民侵略史留下一些问题和矛盾，比如划界不是很清楚。三是历史上一些国家同中国交往的记忆比较复杂，对中国存有疑虑。

这两年中国与周边大的问题都得到了管控，从而使得改善关系在中国周边实现了全覆盖，这很了不起。中国在这当中贡献了最大的动力，这样的结果也显示，中国塑造周边的能力在增加。

中国的经济发展对周边形成了越来越强的魅力，中国几乎是所有东盟国家的第一大贸易伙伴，也是所有东北亚国家的第一大贸易伙伴，此外中俄、中印贸易都加速发展。中国在周边的投资也是美国越来越没法比的，打个未必恰当的比喻，美国只是在中国周边"发奖状"，而中国是"发奖金"，这种区别时间长了就会起作用。

实力强了，中国没有对周边搞霸权主义，反而表现出更多的尊重，对周边争议表现出越来越多的耐心。自信对中国社会处理与周边摩擦时的态度产生了多种效果，但总的来说推动了中国公众对国家亲诚惠容周边外交理念的支持。

华盛顿这两年强调"美国优先"，让中国周边国家感受到来自美方更大的不确定性，这也增加了周边国家改善对华关系的积极性。

从战略上说，周边实力水平与中国的差距越拉越大，这让周边国家搞好对华关系的动力更大了。而主动挑战中国核心利益，与中国作对，一般不会成为周边国家的选项，对此中国社会应心中有数，客观认识周边国家对华关系的基本心理。

当然，中国与周边国家关系仍会长期存在两项困扰，一是领土纠纷，二是美国的干预。而在很多时候，前者成为后者的支点和抓手。

与周边国家管控好领土纠纷是中国搞好周边外交的一项重要经验。美国从搞"亚太再平衡"开始，主要就是从周边国家与中国的领土纠纷切入，那一段经历也告诉我们，美国干预对中国国家安全的现实威胁要比领土问题所产生的波折带给我们的威胁大得多。

只要中国认真践行亲诚惠容理念，我们塑造周边的能力就远强于美国在我周边搞破坏的能力，这一点在中国周边形势这两年的变化中得到进一步证明。

　　中国外交可以理出几大线索，即大国外交、周边外交、与发展中国家的外交、多边外交等。现在只有大国外交中的美国外交出了突出问题，其他各个方向的外交都在飘红。中国要有一个信心：只要其他方向的外交都做得好，尤其是周边外交保持稳健，美国就奈何中国不得，中国也将拥有开展对美外交的更多主动性。

（《环球时报》2018 年 12 月 27 日）

中国与太平洋岛国发展关系碍了谁

社　评

　　路透社援引消息人士的话称，美、英、法、澳为了制衡中国在太平洋岛国的扩张趋势，打算在该区增设使馆、加派专员，也增加与岛国领导人双边交流。报道说，那些太平洋岛国虽然人口稀少，但同样在联合国拥有一票。西方国家还担心，中国的投资会让那些岛国无力偿还债务。

　　中国迄今仍是该地区的第二大投资国，第一大投资国是澳大利亚。中国外交部发言人华春莹星期四反唇相讥道："同样是资金，怎么西方国家提供的就是'馅饼'，而中方一提供就变成了'陷阱'？"

　　由于中国向非洲国家投资，那个几乎被西方遗忘的大陆重新受到西方的重视。现在中国向太平洋岛国投资，那些之前除了澳大利亚其他西方国家都懒得看一眼的袖珍小国也要变成香饽饽了。看来哪个地方想被西方关注，求它们不管用，跟中国搞点经济合作，就全有了。

　　在美国影响下，西方舆论热衷于将中国的所有对外交流都看成不怀好意，它们在将中国的一切对外交流地缘政治化、意识形态化。

　　中国这么大的国家，这么多的人民，经济的平均发达度还比较低，谋求发展是中国无可置疑的最大主题。中国没有美国那样的超强力量，民族性格又整体上比较内敛，所以平等互利合作成为中国发展对外关系的基本思维。这是中国全部经济外交的出发点。

　　西方舆论臆想出中国的种种野心和图谋，其实它们在重构西方帝国兴衰的经验，用它们的冲突性思维应对中西之间在新世纪里的不太容易界定的复杂关系，尤其是美国和它的亚太铁杆盟友，做得越来越过分。

　　莫说美国，连澳大利亚都有很强的势力范围观念，对中国去离它较近的太平洋岛国投资，与它们发展关系耿耿于怀。堪培拉应该反躬自问，中国还是澳大利亚的第一大贸易伙伴呢，中国在澳也有投资，为什么与那些岛国做同样的事，就成了一种威胁呢？

　　其实美、英、法、澳在太平洋岛国多建使馆，向那里多派外交官，一点不干中国的事，我们根本不觉得有什么不好。让人不舒服的是，它们把这当成平衡中国影响力的手段，它们缠上了我们，要把新的外交举措设置为怼北京，从而可能增加我们在该地区开展正常投资活动的成本。

　　美国这样做有比较明确的地缘政治动机，它似乎对全方位压制中国扩大影响力越来越有兴趣。而其他西方国家的态度里有着更多混乱和矛盾，比如它们都希望扩大同中国合作，不愿意同中国的关系搞太僵，甚至有时愿意在处理同美国关系时打一打"中国牌"，但它们又对中国怀有超越普通地缘政治范畴的警惕，对华态度不时摇摆。

　　这导致了它们中一些国家同中国关系的不稳定，甚至个别国家对华关系的动荡。这会损害它们自身的利益。

　　首先，那些西方国家同中国的关系多了一层不信任，而且这个不信任有可能造成越来越多的实际后果。它们同中国的交往肯定会受到一定程度的影响，双方维护关系的成本必然上升。

　　其次，这会干扰它们对诸多第三国、乃至世界的认识，它们会不自觉地带着对中国的偏见来判断一些国际事务的性质，随着中国影响力的扩大，它们的误判范围会跟着扩大。

像澳大利亚，它基于错误的判断在把自己变成西方世界抵御所谓中国"渗透"最激进的屏障之一，然而它打击的并非北京的"阴谋"，而是中国原本希望与它在更多领域扩大合作、做更好朋友的善意。

（《环球时报》2018 年 8 月 31 日）

西方须用改变对非思维代替抱怨中国

社　评

中非合作论坛北京峰会 3 日举行。中非合作已经成为非洲大陆对外合作的最成功方向，中国已是非洲当之无愧的最大贸易伙伴，也是当前对非投资最活跃的国家。

每次中非合作论坛举行峰会，西方媒体和政客都评论如潮，但这些评论有很多都用来挑中非合作的毛病了，发泄西方一些人的酸葡萄心理，而不是反思美欧为何在与非洲的合作上"落伍"了，他们究竟在哪里出了问题。

西方人的根本问题是过去低看了非洲，把非洲当成了美欧的后花园，与西方工业文明相搭配的一块撂荒地。对一些西方精英来说，非洲就不该成为世界经济的一个主体，它就应该甘于从属地位，满足西方社会的各种边缘需求。

伴随着中非合作的开展，非洲第一次真正走向了世界经济的舞台，成为它的主角之一。非洲国家不想再受制于外部世界，像捡别人嗟来之食那样得一些援助，然后按照外部力量的指定进行未必适合当地实际情况的"自我改造"。它们更想做自己命运的主宰者。中非合作的平等性和互利性契合了非洲的愿望与现实，因而大放异彩。

一些西方人攻击中非合作，编出中国对非搞"新殖民主义""掠夺资源"，并且导致非洲的"债务陷阱"等各种说辞，连非洲国家都对这些指责嗤之以鼻。西方在非洲问题上的舆论和心态都出现严重扭曲，他们不思与时俱进，想通过唱衰中非合作恢复西方对非洲命运的主宰，这只会耽误美欧对非政策的战略性调整。

西方舆论为中非合作捏造出种种罪名，构成了西方一些政治及媒体精英的集体造假运动。同中国的合作好不好，非洲国家最知冷暖，现在的情况是，非洲国家都说好，但是西方舆论非要硬说非洲国家如何因为开展对华合作痛苦不堪，非洲国家媒体上偶尔出现围绕对华合作的抱怨，西方力量就会如获至宝。

不能不说这挺没有出息的，靠诅咒进步来掩饰自己的问题，强大的西方本不该堕落成这个样子。西方需要立即放下架子，重新定义非洲和他们与非洲的合作，如果非洲对西方真的很重要，他们就应投入更多资源和精力认真经营自己同非洲的经济关系。

从中国人的角度说，我们必须有主心骨，不能被西方舆论牵了牛鼻子。要看到，中非合作是巨大的成功，是中国发展国际合作的一次飞跃。实事求是说，西方对落后地区高高在上的态度对一些中国人产生潜移默化影响，使得他们天然地认为，中国对非合作只能是"撒钱"的过程，对中国发展不会有什么实际好处。

西方舆论把非洲描述成包袱，而中国创造性地将非洲定位成为世界经济的新机会。中非合作就成功在了这种合作不依赖于对非无偿援助的无限扩大，而是把它真正变成了中非的互利共赢。中非合作规模已经如此之大，经济上的单方面受益不可能支持这种合作长期运转下去，双赢和共赢是中非合作长期繁荣的前提。

在中非合作的问题上，某些西方政治和舆论精英批评得越狂躁，越说明他们对自己国家的做法很失望，但就是嘴上不认账，同时对西方能够做出正确调整缺少信心。中国在非洲赢在了实事求是上，而西方仍沉浸在各种装腔作势中不可自拔。

其实非洲是开放的，吸引各方投资最能使非洲自身的利益最大化。中国不可能"垄断"对非合作，西方重新领先对非合作的可能性永远都存在，只要他们别让地缘政治思维把自己的脑袋塞满了，只要他们肯于面对非洲希望发展并跟上世界脚步的新现实，对他们不平等的对非关系开展一场革命。

（《环球时报》2018 年 9 月 3 日）

中日结束相互消耗，两国都将得分

社　评

日本首相安倍晋三 2 日接受产经新闻采访时称，日中关系已经"完全回到正轨"。就在上周五，中日财长在北京对话并取得成果，另外中国外长王毅上周五会见到访的日本自民党干事长二阶俊博。这称得上是中日关系加速回暖的一周。日本媒体都在预期安倍将在今年 10 月《中日和平友好条约》缔结 40 周年时正式访问中国，这将是日本首相 7 年来首次访华。

中日交往全面趋于活跃既是两国之前很多年关系紧张的自然回摆，也有特朗普政府"美国优先"政策的外部推动。现在就说中日关系"已经完全回到正轨"，似乎有点满，不过两国朝着正常的国家关系回归，应当是大趋势。

由于有美日同盟的牵制，也因为中日是亚洲两强，分别为世界第二大、第三大经济体，日本对华战略思维极其复杂。再加上两国管控钓鱼岛及历史问题上的麻烦，中日关系要成为稳定的友好关系是很难的，它注定是一项长期挑战。

然而，放纵中日关系动荡，同时提高了两国整体外交的成本，这样的"两伤"已在过去那些年得到充分验证。恢复两国正常关系，已是中日的共同愿望和需求，它是战略层面的，比两国各种摩擦的影响更有分量。

　　中国社会对日本的大部分意见来源于一个根深蒂固的担心，那就是这个近邻是否会有一天重新成为从清末到上世纪 40 年代那个狰狞的日本，再次变成威胁中国国家安全的主要挑战者。然而随着中国持续发展，中国的综合国力将日本渐渐甩开，这样的危机感在减弱，这为我们主动采取措施管控中日传统摩擦提供了更强大的心理基础。

　　日本对华心理有几道坎，一是对国力被中国反超不服气；二是担心遭到中国的报复、打压；三是强者崇拜，认为站美国这一队更保险，等等。但是随着中国崛起成为现实，日本调整对华思维势必发生，因为"联美抗中"不符合日本的长远利益，它本来可以在中美之间左右逢源，但却把中美一个搞成了"敌人"，一个搞成"主人"。

　　日本的最大利益肯定是在中美之间保持相对中立，而不是跟着一个搞另一个。韩国也是美国的盟友，但它的对华政策远不像日本前些年那样极端，日本对华态度逐渐"韩国化"的可能性是存在的。

　　中日实力差距肯定还会继续拉大，这既可能使得日本更加恐惧中国，从而死抱美国大腿，不惜为此受华盛顿的"胯下之辱"；也有可能促使日本形成战略理性，在中美之间搞"平衡外交"。中国应当争取后一种可能性。

　　现在安倍政府表现出恢复中日关系的持续积极性，但日方的态度还远说不上是稳定的，甚至不排除东京在借与北京缓和关系反过来向华盛顿施压。中日缓和乍暖还寒，未来仍存在种种变数。

　　最重要的或许是，中日之间的问题很大一部分是心理上的互不适应，而非国家利益真实的互不相容。随着中国越来越强大，中日权力之争将成为伪命题。中日的共同利益则将变得越来越实质，这包括两国在经济上加强合作，不因相互冲突而被美国拿住"吃两头"等等。和则两利，斗则两伤，这一中日关系的警训正在被越来越多的人认识并且深信。

　　经过一段时间的相互消耗，现在是真正恢复中日战略互惠关系的重要机会。中日应当有更多智慧和更大的胸怀完成这一转折，让中日关系从两国各自整体外交的负能量变成正能量。

（《环球时报》2018 年 9 月 3 日）

中朝发展友好造福两国有利全地区

社　评

中共中央政治局常委、全国人大常委会委员长栗战书作为习近平总书记、国家主席的特别代表 8 日开始访问朝鲜，并出席朝鲜民主主义人民共和国建国 70 周年庆祝活动。中共中央政治局常委、全国政协主席汪洋日前在北京出席了朝鲜驻华使馆国庆活动，国家副主席王岐山出席中方举办的朝鲜国庆庆祝招待会。栗战书访朝进一步显示了两国高层交往的热度。

中朝有着鲜血凝成的传统友谊，随着朝鲜重申了无核化目标，并且采取拆毁唯一核试验场的行动，宣布不再进行战略导弹试射活动，前些年影响中朝关系的主要障碍被移除，传统友好的氛围迅速回到两国之间，两党关系尤其得到全面恢复，对引领两国友好关系的健康发展意义重大。

中朝友好关系是两国历史际遇和双方现实重大利益共同写就的。两国紧密关系从来都对两国的各自利益起到保护作用，双方互利合作同样对两国发展起到了推动作用，中朝今后的合作空间尤其能够容纳极大的想象力。

然而需要指出，美韩日等国的舆论看待中朝关系的视角和心态存在一些问题。首先他们眼中只有与朝核危机相关的中朝关系，而忽视中朝关系对两国来说独立于朝核问题的那些价值。另外他们既希望中朝关系的紧密程度能够使北京影响平壤的核态度，又有巴不得看到中朝关系"出点问题"的地缘政治思维，他们对中朝关系的总体心态十分复杂。

可以说，经过这些年的曲折，朝鲜的核态度在朝着国际社会希望的方向转变，中朝关系历经考验之后变得更加成熟，但是美韩日与朝鲜的关系和对中朝关系的态度仍远说不上稳定。加上美朝围绕无核化谈判的不确定性，中朝关系仍会受到一些外部因素的牵制。

然而越是这样，发展好中朝关系对两国和整个地区愈发重要。事实证明，中朝两党关系是两国关系的稳定器，中朝关系则是整个地区局势的稳定器。中朝关系今后不能被半岛局势牵着鼻子走，相反它应该更多积极影响半岛局势，发挥促谈促和作用，防止局势的严重出轨。

美国总希望中国帮着按照它希望的路线图解决朝核问题，北京一定要打消这种对中国不切实际的期待，尽最大努力促使美韩理解朝核危机的客观性质，以及解决问题的现实逻辑。一段时间以来，美国多次抱怨中方"消极影响了平壤"，中方不能因这种压力改变独立和实事求是的半岛政策，那不会有利于半岛局势的稳定好转。

中国与朝鲜保持友好合作关系，同时支持朝鲜与其他国家恢复、发展正常关系。我们并不想"垄断"朝鲜外交，朝韩重启各种合作，美朝单独进行谈判，中国都欢迎。中国半岛政策有两大目标，一是无核化，二是永久和平，我们不认为这个时代在半岛玩地缘政治是有价值的事情，所以有利于上述两个目标的事情，我们都支持。

美韩日、尤其是美国要好好厘清其半岛政策的思路：它究竟想在那里要什么？它不能什么都想要，甚至同时想要彼此严重矛盾的东西。如果美方真的很想要半岛无核化以及和平的话，那么它会发现，良好的中朝关系对这些目标有着很正面的价值。因此华盛顿应支持这一友好关系的不断强化，并给予积极的配合。

（《环球时报》2018 年 9 月 10 日）

解放军入俄军演，外界应质疑还是反思

社　评

俄罗斯冷战之后最大规模"东方—2018"军演星期二开始举行，中国人民解放军3000多名官兵和大量装备参加演习，西方分析都在问一个问题：这次军演针对的是谁？

"东方—2018"首先是俄罗斯的超级军演，30万军队参演，其规模确实很震撼。在中国人看来，它的政治目的首先是展示俄罗斯军事上的强大，而不像是与哪个具体敌人准备大干一场的厉兵秣马。

俄罗斯地广人稀，军事又是它的最强项，它的一个国家传统就是不断秀肌肉，把潜在的威胁者都吓回去。相对弱的时候，它似乎更愿意这样干。

所以谁与俄罗斯战略上较劲，就容易觉得俄军演针对它。大国中，这场军演离中国领土最近，离美国最远。但是中国不会觉得军演是针对我们的，所以我们的解放军还参加了军演。美国大概感觉最不舒服，那是因为它平时对俄挤压最厉害。

中国参加俄罗斯军演，大概有两个目的。一是巩固两国和两军友好，夯实中俄全面战略协作伙伴关系。二是从军事技术上向俄军学习经验，毕竟俄军参加了叙利亚战争，参演者中就包括曾在叙利亚执行任务的力量，这样的参演显然有利解放军更加熟悉实战。

外界喜欢从地缘政治角度解读这场军演，这也是很自然的事情。

但如果过于放纵这种解读，一套一套的，就容易把自己绕进去，把军演的相对边缘意义当成核心意义进行夸大。

打开天窗说亮话，中国很不想与任何大国为敌，中国的注意力在未来很长时间都会继续集中在经济发展上，对外关系的基本路线是不断扩大互利合作，而不是以实力为后盾开展"扩张"，强行扩大自己的生存空间。因此只要其他大国不主动在中国的核心利益上挑衅我们，不威逼我们，中国的军事力量就绝不会成为它们的现实对手。

俄罗斯虽然这些年打了几场战争，它的战略守势却是明显的，将俄描述成战略扩张者，不能不说是强行扣给它一顶帽子。这样的舆论误导帮助促成了西方对俄的现有看法和政策，也导致了俄的强烈反弹。

中俄全面战略协作伙伴关系也是防守性的。两国有一种形象的说法，那就是这样的战略合作给两国带来了"背靠背"的安全感，而"背靠背"是典型的防守姿态，如果两国都去出击，还哪儿来的"背靠背"。

中国的军事活动基本围绕着近海进行，我们偶尔往远处走，但近海是政治的故乡和心理的根据地。俄罗斯近年最远走的距离也不过就是叙利亚。实事求是地说，各大洋的深处仍是美国的天下，中俄都没有挑战美国"全球领导力"的根基。

中俄不是盟友，两国结伴不结盟的宣示很坚定。与此同时，外界不该逼中俄两国，尤其不该制造两国受到严重安全挑战的危机感。全球战略层面总要不断朝着让各方都有基本安全感的平衡方向调整，这意味着，外界不应提供中俄需要加快提升军事合作水平的紧迫性。

大国做邻居很容易有地缘政治的微妙疙瘩，尤其是中俄这样历史恩怨比较多的两个大国。但是现在，中俄的关系如此之好，两国与远处大国的关系反而疙疙瘩瘩。所以说，探讨中国参加俄罗斯军演的潜在目标是谁，这样的思考方向就偏了。外界应该反思的是，它们为什么不能像中俄彼此之间这样成为它们的好朋友呢？

（《环球时报》2018 年 9 月 13 日）

巴西政府更迭会冲击中巴经济合作吗

社　评

有"巴西特朗普"之称的右翼领导人博索纳罗赢得大选，即将成为南美这个最大国家的新总统。博索纳罗对女性、同性恋都发表过有别于巴西传统政客的尖锐言论，另外他发誓要严厉打击腐败和犯罪。

由于博索纳罗在竞选期间曾去过台湾，而且批评中国"买下巴西"，他的对华政策也受到关注。不过舆论注意到，博索纳罗在竞选后期开始调整针对中国的语言，称他一旦当选会继续与中国做生意，因为中国是个"很杰出的伙伴"。

目前有不少分析认为巴西新政府不太可能对巴中经贸合作真的"动刀子"，把巴中贸易大规模置换成巴西增加同美国的贸易。我们对这一分析成为现实保持乐观。

这是因为，第一，中巴合作完全是互利性质的。中国自 2009 年起就是巴西第一大贸易伙伴，而且是巴西最大顺差来源国，2017 年它对中国的顺差值高达 201 亿美元。中国是巴西大豆、矿产的最大买家，中美贸易战进一步增加了巴西大豆的对华出口前景，博索纳罗新政府放弃中国市场是不可思议的。

第二，博索纳罗竞选时最拉风的是其国内政策主张，外交是其形象相对边缘的部分。巴西民众目前最大的不满也都是针对国内问题的，外交并不处于该国舆论争议的中心。巴西左翼政权的对美政策一直比较温和，"反美"政治色彩并不明显，博索纳罗上台也很难意味着巴西"国家路线"的一次转变。

第三，巴西是南美大国，中巴关系很平等，两国经贸合作虽很密切，但中国从未介入巴西内部事务。巴西的国家利益决定了它采取平衡、多元的外交最为有利。维护好中巴关系更有利于巴西同世界其他大国打交道，更有利于巴西在国际事务中发挥作用。

第四，博索纳罗有过军队和地方政府工作的经历，熟悉外交需要一个过程。他在竞选期间去台湾，引起中方不悦，他如果上任后在台湾问题上特立独行，显然需要巴西用支付大量国家利益来埋单。在拉美很多小国都纷纷弃台而去的时候，台湾不可能是巴西利益增值的地方，相信博索纳罗团队能够分得出轻重。

很多人倾向于认为，似乎从未来过中国大陆的博索纳罗不太了解这个东方大国，但是他在竞选中能够随意开口数落中国，并且相信对巴西第一大贸易伙伴采取不友好姿态会有助于、而不是破坏他的选情，这是值得北京加以重视的。

中国的生意已经做遍天下，促进了全球经济发展，给每一个合作伙伴带来了实实在在的利益。但是我们的形象受到种种抹黑，来自中国的商业机会常常遭到政治化解读，而且一些国家政府更迭，马上就有"中国资本的命运是否会生变"的问号蹦出来，这些都是不正常的。

随着中国对外经济合作的扩大，相关的综合实力建设需要跟上，风险评估也需更加扎实。我们的对外合作都是互利的，中国对外贸易、尤其是对外投资走到哪里，这样的认识就需实际扩展到哪里，而且不仅仅对华合作国家执政者需要这样看，它还应当是那些国家包括反对派在内的全社会共识。

当有美国等西方国家政客和媒体诋毁中国形象的时候，做到这一点是有困难的，但它决非不可为。不断改善中国的经济形象，对在本世纪继续扩大中国对外合作的空间也是至关重要的。

（《环球时报》2018 年 10 月 30 日）

中国东盟早已是实际的命运共同体

社　评

　　2 日举行的中国—东盟 10+1 外长会达成了"南海行为准则"(COC)单一磋商文本草案，COC 磋商迈出重要一步。中国外长王毅形象比喻说，好比中国与东盟国家建设一所房子，过去 11 国家有 11 个设计方案，现在有了统一的设计方案。单一磋商文本草案成为今后 COC 磋商的基础文本，接下来的案文磋商有了着力点。

　　南海近年成为全球地缘政治重心之一，很大程度上是被炒起来的。由于中国崛起，以美国为代表的域外力量对这里投入了关注，也增加了政治和军事介入。南海险些被这些外部力量带了节奏，成为它们对中国崛起不满的宣泄舞台。

　　既然这里存在领土和海洋权益争议，各种摩擦就难免出现。但是回头看，中国、南海其他国家和东盟经过努力大体管控住了这些分歧，避免了它们引爆地区局势，也没让它们成为域外力量撬动整个地区的支点。

　　2016 年的"南海仲裁"加剧了声索国之间的分歧，但是这个地区最终走上了淡化、搁置分歧的理性之路，合作重新成为区域内国家关系的主旋律。围绕"南海行为准则"的磋商走上正轨并且加速，整个地区重新洋溢出面向未来的乐观。

　　设想一下，如果在"南海仲裁"之后，菲越等国同中国激化领土争端，导致域外力量的干预变本加厉，南海成为大国博弈的突出舞台，东盟国家被迫站队，区域内的经济合作被地缘政治震荡冲得七零八落，那么除了域外力量，中国和东盟国家谁又能从那种局面获益呢？

我们理解区域内一些用域外力量"平衡"中国崛起的思维，但必须指出，这种传统地缘政治的思想方式并不总能同现实国际关系的真实情形对上号。域外力量帮助解决不了南海问题，它们也没有帮助化解纠纷、稳定局势的意愿，它们就希望在南海得到更多对华博弈的抓手，而且它们存在滥用这些抓手的明显意图。

整个东亚地区应当是开放的，域内国家可以开展对内对外的全方位合作，但都应注意不让这种合作产生针对第三方的负面效果发酵，不破坏区域内的团结。区域内的团结合作是地区和平发展之本，它决非域外的某种介入所能取代，所有国家都应对此有清醒认识。

除了和平，东盟与中国还有一大共同利益，那就是发展。中国—东盟这个 10+1 上演了当今世界最成功之一的加法，我们共同组成了关系密切、彼此相互促进的和平发展共同体，向世界贡献了卓越的合作加进步的表现。这是个近年来全世界增长最快的地区之一。

然而也要看到，由于领土争议一时难以解决，又被域外多个大国环伺，加上这里还有一些国家内部的不稳定因素，东盟及南海地区的发展又呈一定脆弱性。面对各种滋扰和诱惑，整个地区需要保持政治定力和清醒，坚决顶住不断出现的扰乱、冲击，保持住区域和平发展的大方向，挽住大家共同的发展战略机遇期。

中国与东盟是彼此利益最紧密的 10+1，我们实际上早已是命运共同体，一些纠纷都改变不了双方彼此关系的这一根本性质。好的发展运气将是 10+1 的，如果有一天趋势发生逆转，也会是 10+1 的，我们彼此之间很难是独善其身的。

（《环球时报》2018 年 8 月 3 日）

马哈蒂尔访华，中国外交的一次打分

社　评

星期一是马来西亚总理马哈蒂尔访问中国的高潮，习近平主席在北京会见了他。同一天，中马两国政府签署联合声明。李克强总理和马哈蒂尔总理当天举行了联合记者会。

从两国领导人的会谈要点，到联合声明的内容，再到记者会上的阐述，还有马哈蒂尔总理访问阿里巴巴等中国企业、乘坐高铁时一路上的表达，无不展示了中马传统友谊和务实合作的厚实，尤其表现出马新政府继续欢迎中国企业赴马投资的热情。中马在"一带一路"框架下扩大合作的前景非常广阔。

这次访问再次证明，中马友好合作的基础已经非常牢固，马国政党轮替和双方合作中具体问题都不会对这一基础构成冲击。马哈蒂尔本人就是中马关系的推动者，预言他这次重任总理将对中马合作构成挑战的那些人暴露出了自己的幼稚。

这次中马签署了一系列合作文件，双方围绕棕榈油、橡胶、榴莲的合作都有很大经济意义，继续坚持本币互换是金融领域的成果。两国还在联合声明中表达了对南海问题的共同立场。这些都是亮点。

马哈蒂尔明确表示欢迎、支持并将继续参与"一带一路"合作，欢迎中国企业赴马投资，对于围绕具体基建项目出现的分歧，来自各方面的信息显示，双方愿意通过沟通协商加以解决。

马来西亚是东盟中相对较大的经济体，是南海国家，华人多，它同新中国的关系史在东盟里也比较典型。中国已经连续 9 年是马的第一大贸易伙伴，而且马又刚刚经历了政党轮替。中马合作在各种议论中又一次清晰地稳定下来，展现出良好势头，这对人们理解中国与东盟及所有周边国家的关系都有重要意义。

还是中国与周边国家发展关系的原则正，互利共赢的脉络也很清晰。这样的原则和脉络经得起各种变化的考验，能够针对具体问题形成共同的耐心。

中国发展起来了，它带给周边共同发展的机会十分真实，很便于其他国家与自己的发展规划对接。与"中国威胁论"制造的那些担心比起来，那些机会的吸引力越来越成为整个地区从中国感受到的主旋律。

马来西亚新政府与前政府在同中国合作的一些具体项目上有不同看法，外界一些舆论很想从地缘政治角度对这一分歧进行定义，引申它的性质。但是马哈蒂尔政府没有接这个茬，吉隆坡坚持就事论事、协商解决的务实态度。

马哈蒂尔总理此次访华期间赞扬了中国的技术进步，表达了从中国引进技术的愿望。鉴于中国的工业及科技能力更适合发展中国家采用，中马合作的领域有很大拓宽空间。而马又施行政党轮替的政体，如何保障中国的投资安全，是中国社会普遍关心的课题。我们相信，马方也会高度重视中国人的这一关心。

中马只要诚心诚意地开展平等互利合作，排除外界的各种干扰，双方就没有解决不了的问题。让双方都获益，这是国际合作的第一定律，也是中马合作需要认真把握的方向。中马除了努力对准那个方向往前走，应不会有第二种选择。

（《环球时报》2018 年 8 月 21 日）

中国的信用支持对朝美峰会很重要

社　评

在朝鲜上周宣布有可能放弃朝美峰会后，特朗普总统星期二在会晤到访的韩国总统文在寅后对记者表示，原定于 6 月 12 日在新加坡举行的金特会存在推迟举行的可能性。平壤和华盛顿的连续表态导致了朝美峰会前景不确定性的增加。

我们认为，朝美峰会如期举行仍有可能。平壤和华盛顿近日的消极表态提前释放了双方的严重分歧，这给会晤前的气氛泼了冷水，但也有助于美国方面冷静下来，放弃一次谈判就能取得"完胜"的幻想，对谈判采取更加现实主义的态度。

朝美峰会都能起什么作用呢？首先，它如果很成功的话，可以让前一阶段半岛局势的缓和固定下来，确保局势今后不再后退，只往前走。此外，它应着眼于半岛实现真正的无核化和永久和平，这是十分复杂、需多方参与的使命，金特会最低应当做到为这一工程剪彩，如果双方领导人都有魄力，能大体拿出一个路线图和时间表，世界将为之惊喜。

朝鲜拥核的目的被认为是要保障体制安全，而要一种国际保障来替代核武器带给平壤的安全感，是很不容易的一件事。华盛顿的口头乃至书面承诺都是远远不够的，卡扎菲政权、萨达姆政权的前车之鉴摆在那里，华盛顿又刚刚退出了已经签署的伊核协议，美国人总担心被朝鲜人骗了，他们应该换位思考地认真想想，平壤拿什么来相信他们美国人？

要促金特会成功，其中的一部分筹备性努力要用在美朝关系的外围，也就是搭建围绕半岛问题的国际信用体系上。特朗普总统星期二再次对金正恩不久前第二次访华表达不悦，隐晦质疑是中国因素导致了平壤态度的变化。上述谈话显示华盛顿的思路偏了。

中国是目前朝鲜接入国际信用体系的唯一有效通道。朝韩、朝美都可以搞峰会，取得成果，美韩也可以给朝鲜援助，但是美韩能对朝鲜的体制采取持久的友善态度吗？平壤对此很难相信。只有中国对朝鲜体制长期存在的支持对平壤来说是可信的。

中国的根本利益决定了我们是半岛问题促谈促和的稳定支持者，怀疑中国支持金特会举行并取得成果，这是一种迷思，甚至牛角尖。华盛顿应当鼓励中朝领导人多见面，高层多交往，华盛顿还应与北京就如何建立有助于实现半岛无核化的国际信用体系加强沟通，积极主动地为中国填补美朝之间的信用赤字创造条件。

半岛核问题首先是美朝之间的冲突，双方准备采取什么行动，中国很难予以影响。但是中国是为美朝和平解决核问题提供信用支持不可取代的第三方。如果忽视了这一点，美朝谈判很可能面临黑暗森林中的更多摸索。

半岛和平进程必须要有美朝直接谈判来实现突破，同时有中国等第三方国家帮助美朝相信对方的承诺，尊重双方谈判本身以及所得成果的严肃性。后一项工作与前一项工作几乎同样重要，希望白宫深谙此理，将金特会的准备工作进行得扎实、富有想象力。

（《环球时报》2018 年 5 月 24 日）

美韩既不可轻视、也不应赖上中国

社 评

朝鲜半岛局势经过一轮过山车式的变化后，重新朝着美朝 6 月 12 日举行峰会的既定目标前进了。回顾过去这段时间，围绕中国的各种奇谈怪论给人留下蛮深的印象。现在是与它们做个了断的时候了。

朝韩今年初开始缓和关系，直到确定举行金特会，那段时间韩国和西方舆论场盛行中国"被边缘论"。待到金正恩 3 月访华，宣扬那种论调的人如梦初醒，对中国在半岛问题上的影响力之大产生深刻印象。金正恩 5 月二次访华后，这种印象达到了顶峰。

然而这种认识与一些力量希望一鼓作气压服朝鲜的愿望搅在一起，对中国如何使用自己的影响力产生了怀疑。平壤前一段时间就朝美峰会发表强硬言论后，宣扬有可能是中国撺掇朝鲜改变了态度的说法又在美韩及西方媒体上放肆地进行传播。

后来平壤再次改变态度，在特朗普宣布取消 6·12 朝美峰会的情况下非常克制，表示仍然希望朝美峰会举行，为促使局势再次转圜做出贡献。这时美韩媒体又不怎么提中国了，一些人开始强调文在寅对影响平壤态度所发挥的作用。

尤其可笑的是，排斥中国发挥作用的论调又开始出现，比如说，希望中国不参与朝鲜半岛终战宣言的签署，由美韩与朝鲜签署就行了。而中国是当年半岛停战协定的签字方之一。

散布上述各种论调的人显然没有把促成半岛永久和平真的放在首位，而是在半岛今年以来新进程的每一步都首先琢磨自己地缘政治利益的得失。他们希望中国作为一个跑龙套的配合者。

但是中国是半岛边上有着历史和现实重要牵动力的大国。一方面中国的实力和地缘位置摆在那里，一方面朝鲜是个充分独立自主的国家，这两大现实使得中国无法对半岛事务产生决定性影响，同时离开或排斥中国，又不利于半岛任何重大决定的稳定形成和落实。

美韩一些人存在这样的倾向：当朝鲜态度强硬时，他们就怪中国，以此推脱他们自己的责任。当他们与朝方谈得顺利时，又希望由他们两方对朝鲜单独一方，中国避免介入，或者只为他们帮腔。

然而中国是半岛问题上影响力巨大的一支独立力量，我们坚持半岛无核化以及实现永久和平的目标，致力于推动美朝的公平互动。过去无论半岛上演激烈对峙的时候，还是出现缓和的时候，中国都是半岛敌对方之间的缓冲器，以及鼓励对立双方走向谈判的持续推力。

其实中国的立场从一开始到现在就没有变过。对解决朝鲜半岛问题联合国框架的构建和运行，对鼓励朝鲜大胆尝试与美韩相向而行，中国都不遗余力。没有中国的这些努力，半岛很可能在去年就变得不可收拾了，朝鲜与美韩今年的积极互动也将更加脆弱。

不要低估中国，也不要赖上中国，这是美韩对北京态度必须避免的两个极端。中国是半岛无核化和永久和平的坚定支持者，这既是我们的利益，也是道义使然。任何一方不正确对待中国，都意味着犯严重错误。

（《环球时报》2018 年 5 月 29 日）

上合为 21 世纪的世界治理探路

社 评

　　上合峰会发表《青岛宣言》，标志着本次峰会取得一系列重要成果；习近平主席提出构建上合组织命运共同体，受到与会国家领导的一致欢迎；中国将在上合组织银行联合体框架内设立 300 亿元人民币等值专项贷款等；印度、巴基斯坦以正式成员国身份参加上合峰会，等等。这么多重磅信息共同推升了上合青岛峰会的意义，使之不同凡响。

　　在充满争吵的西方七国集团会议的反衬下，上合青岛峰会尤其显得成果丰富，让世界眼前一亮。

　　为什么七国集团会议开得那么不愉快，特朗普总统刚一离开加拿大就发推特公开斥责作为东道主的加拿大总理特鲁多"非常不诚实和软弱"，而且七国峰会连一个联合公报都没能发表；而上合峰会却开得热情洋溢，踌躇满志？关键在于强调互信、互利、平等、协商、尊重多样文明、谋求共同发展的"上海精神"呼应了这个时代的真正主题，而单边主义表面强势，实则难以为继。

　　过去西方主导的国际舆论对上合组织充满怀疑和嘲弄，而这次青岛峰会期间，对上合组织的严肃思考和正面评价明显增多，形成一个高潮。对七国集团峰会的差评则比比皆是。这是一个重要动向。

　　"上海精神"作为一种国际关系新原则正在显示出强大的竞争力。

这不是地缘政治竞赛，而是人类社会进入 21 世纪后围绕世界治理的再思考。世界的确是多样的，按照某一种政治制度和价值观将 200 多个国家和地区"标准化"完全不可思议，"上海精神"提供了支持全球化的现实可行方案。

少数西方国家在地缘政治上过于偏执，使得亚欧大陆的新兴国家反而担当起探索 21 世纪国际社会新型合作的主力军。这或许就是上合组织不断发展的重要意义。

上合组织仅仅走了 17 年，但已经形成围绕组织原则的稳定共识、发展扩容的张力、成员国的集体自信和骄傲、外界越来越良性的关注及评价，等等。它的可持续性已经相当牢固。

继续把上合组织发展好，让它在区域内和世界上发挥越来越大的影响力，将是这个组织所有成员国对全球治理与时俱进的巨大贡献，给人类文明史留下有分量的一笔。

大国和小国能够平等合作吗？不同价值观的国家能够在一个稳定的组织架构下长期共处吗？一群政治经济上"五颜六色"的国家凑到一起真能产生重大的建设性吗？这些都不啻为现代国际关系的紧迫问题，上合组织恰恰在针对这些问题进行朴实、诚恳的回答。

很多人没有想到，上合迄今给出的答案相当积极，令人鼓舞。上合对所有成员国的利益都做到了只做加法，不做减法。它给各国在有的问题上"雪中送炭"，比如反恐；在有些问题上则"锦上添花"，比如经济和人文合作。上合十几年来没让任何人挑出损害任何国家独立自主的毛病。

不能不说，中国、俄罗斯等上合大国良好的国际观对上述局面的形成产生了建设性影响。上合的确在服务于成员国的共同利益，它非某一两个国家的政治附庸。

上合不是针对世界其他力量的对抗性组织，而是开放的国际合作团体。外部世界也应真心支持上合的发展，将之作为具有人类全局意义的一场实践予以鼓励。多用互利合作思维代替地缘政治思维，这或许是今天世界必须经历的一次嬗变。

（《环球时报》2018 年 6 月 11 日）

中欧关系应排除猜忌充满正能量

社 评

中国国务院总理李克强 5 日前往保加利亚首都索菲亚，开启中国新一届政府成立后的总理首次访欧之旅。李克强将对保加利亚进行正式访问，出席在索菲亚举行的第七次中国—中东欧国家领导人会晤，然后正式访问德国。

欧洲舆论近年对中国—中东欧合作机制出现一些误读，怀疑中国以此"分裂欧洲"。由于本月16—17 日就将举行中欧峰会，这方面的议论再次冒出。

另外西方舆论近日盛传中国提出中欧峰会期间双方发表反对美国贸易政策的联合声明，但遭到欧盟方面的拒绝。

针对这种疑虑，北京反复对欧盟解释，中国没有分裂欧洲的任何意图，中国—中东欧合作是中欧合作的有益补充，而且中国与欧盟的中东欧成员国开展合作，都会遵守国际规则和欧盟法律法规。

实事求是说，当最初从欧洲听到质疑中国—中东欧合作是要分裂欧盟的说法时，很多中国人丈二和尚摸不着头脑，不明白一些欧洲人为什么会那么想。时任德国副总理加布里尔去年表示，北京要欧洲尊重"一个中国"，它也要尊重"一个欧洲"，我们尤其感到很惊讶。

也许欧盟的团结一直受到来自美国的"复杂影响"，它很敏感。但是说实话，在中国国际政治精英群体中，从没有过中国该如何对欧洲"分而治之"的讨论，连私下议论也没听说过。

在今天的中国，希望看到欧盟团结、稳定的人恐怕要远比愿意看欧盟内部闹分裂热闹的人多。因为中国人支持世界的多极化，欧盟是维系多极化的一支重要力量。在近年的国际事务中，中国欧盟态度相近，比如双方都支持全球化和自由贸易，共同推动应对气候变化的联合国行动等。

中国与欧洲国家都没有重大现实冲突，我们对欧洲所有国家的态度都是希望扩大合作，减少不必要的麻烦和摩擦。加上欧盟整体上是中国的第一大贸易伙伴，中国既没有战略上压制欧盟的理由，也不存在主动与具体某个欧洲国家过不去的动机。个别欧洲国家因人权等问题上与中国发生摩擦，导致双边关系的阶段性冷淡，但过段时间一般都能恢复关系。

中欧有充分的条件扩大合作，包括开展一些战略合作，就国际事务加强协调立场等等。与此同时，我们也清楚中欧之间一些隔阂的根深蒂固，克服它们大概需要漫长的时间。

比如在应对特朗普政府发动贸易战的问题上，中国人既看到华盛顿在这件事上普遍的不得人心，欧洲与中国都是受害者，也都对美进行了反制，形成某种现实的相互呼应。同时我们也了解中美欧之间微妙的三角关系，我们并不认为中欧"联合抗美"是现实的。

所谓中国要求与欧洲发"抗美联合声明"且遭到拒绝，这个不知真假的突兀消息损失了大量政治语境，呈现的是一个简单化、因而不真实的中欧对话情境。

中欧合作既需要热情，也需要理性和平常心，还有耐心。中欧最有条件彻底摆脱冷战思维，开展面向未来的全方位合作，共同推动全球治理，在促进全球化健康发展的过程中相互鼓励、切磋，为抵制贸易保护主义等负能量贡献各自的力量。中欧关系应当在这个多样化的世界里做出建设性的示范。

（《环球时报》2018 年 7 月 6 日）

中阿如兄弟般相处，乱局中的清流

社　评

中阿合作论坛第八届部长级会议 10 日在人民大会堂开幕。除叙利亚因特殊原因未派代表，阿拉伯国家联盟的其他 21 国代表，加上阿盟秘书长全部到会，堪称阿拉伯世界最重大的外交盛会之一。中国国家主席习近平出席开幕式，并发表题为《携手推进新时代中阿战略伙伴关系》的重要讲话。当天下午，中阿双方签署多项成果文件。

中阿关系的未来是值得期待的！

一直以来，中阿关系都是平等互惠、相互理解和支持的多边交往典范。中阿合作论坛是一个见证者。论坛成立于 2004 年，当时伊拉克战争尚未完全结束。在这 14 年间，阿拉伯国家又历经"阿拉伯之春"的轮番冲击。但战争和动荡都没有打断中阿关系持续深入的势头。

2004 年，中阿贸易额是 364 亿美元，到去年已激增至近 2000 亿美元。阿拉伯国家联盟秘书长盖特撰文表示，在"一带一路"倡议的推动下，双方贸易额有望达到 6000 亿美元。这将比今天中美的贸易额还要大。当然，要实现这一前景，中阿还有不少现实困难需要克服。

阿拉伯世界虽然相互之间存在错综复杂的矛盾和冲突，但无一不重视、珍视和中国的友好关系。前些年南海仲裁案闹得最厉害的时候，阿盟作为一个整体发表联合声明，明确支持中国在南海问题上的立场，这几乎能说是中国"南海外交战"的转折点。像这样中阿在国际风云变幻中相互扶持的事有很多，它们都存留在中国人的集体记忆之中。

今天，中阿关系又站在新的历史节点上。中阿合作论坛就是一次总结和梳理，一次对新征程的开启和动员。

对中阿来说，重要的是，如何将双方进一步加深合作的愿望和需要落到实处。中阿都是美国霸凌主义的受害者。华盛顿四处挥舞贸易大棒，破坏全球秩序，中国首当其冲。特朗普执意将美国驻以色列使馆迁往耶路撒冷，则是对阿拉伯世界的蔑视。在这个背景下，中阿加强合作具备了新的必要性和意义。

中阿合作潜力巨大，"一带一路"倡议将是激活这个潜力的强大催化剂。阿拉伯世界对"一带一路"倡议的态度很积极，不少项目做得不错。如埃及过去不产玻璃纤维，在中国企业的帮助下，埃及2017年成为世界第三大玻璃纤维生产国，产品出口到欧洲。

阿拉伯国家集中的中东地区，历来是大国的逐鹿地。阿拉伯世界内外的潜在矛盾因此被激化，在综合作用下，中东成了这个世界最大的动荡源。那些大国应对此负主要责任。作为一支安静的建设性的力量，中国为这片饱经战火摧残的土地，带来了宝贵的发展希望。只有"发展"才是化解中东多年乱局靠得住的抓手。

在中阿合作论坛第八届部长级会议之前，中拉论坛第二届部长级会议于今年初召开，9月份，还将举办中非合作论坛北京峰会。这三大论坛涵盖全球大部分发展中国家，这是中国外交的大手笔，也是非西方国家对中国外交风格及原则的整体认可。

世界正面临百年未有之大变局。发展中国家既面临前所未有的机遇，也面临前所未有的挑战。过去，中国和 22 个阿拉伯国家，如兄弟般相处。未来，中阿也将携手并肩，共建命运共同体。

（《环球时报》2018 年 7 月 11 日）

中德加强合作是贸易战的相反示范

社 评

第五轮中德政府磋商发表题为"为构建更美好世界做负责任伙伴"的联合声明，这标志着李克强总理对德国的访问取得重大成果。这次访问期间中德签署了价值200多亿美元的合同，双方一致表达了深化金融财经领域合作的愿望，均表示反对贸易保护主义，强调要共同维护自由贸易和一个基于公平、公认准则的国际市场。

在美国对华和对欧贸易战都已打响的情况下，中国与欧洲领导人的每一次接触都备受关注。德国一些媒体流露出复杂的心态，它们经常提到中欧在贸易战中加强合作的可能性，然而又会对这种可能性的实际含义是什么产生疑虑，甚至有人担心这是"中国的陷阱"。总之它们觉得受到美国巨大压力的中国现在更有求于同欧洲合作。

其实李克强访德是中德高层沟通的机制性安排，决非贸易战条件下的"求援之旅"。几乎没有中国人鼓吹"中欧联手抗美"，我们非常了解中美欧三方关系的复杂性，同时认为维护自由贸易是各方的义务，也是中欧的利益所在。

大概是特朗普政府针对全世界的贸易战太不得人心了，对美国的反抗比比皆是，给了人们议论对美还击的各条战线彼此是什么关系一个很大空间。

其实中德关系可以保持过去的单纯，即两国扩大互利合作，同时按照各自的利益处理围绕贸易的问题，两国无需追求刻意的一致，也无需因为怕被"误解"而掩盖彼此的共识。在两国合作能走多远的问题上，双方应该以积极的态度让它顺其自然。

在中国这边，很少有该如何把握对欧关系的争论，我们的普遍态度就是鼓励中欧合作能走多远就走多远，在走不下去的方向上也不必强求。我们同时注意到欧洲那边的舆论经常挺纠结，在经贸利益、人权争议、地缘政治站队之间患得患失。

李克强访德有一些巨大亮点，除了双方同意加强全方位战略合作的态度，双方还达成一系列具体成果，它们很多显示了中国扩大开放的宣示正在陆续落地，德国因为行动快成为最早的受益者之一。中德合作事实上成为与贸易战相反的示范。

由于特朗普政府贸易保护主义的搅动，当今世界人心浮动，猜忌盛行，中国的对外开放在这个时候落下的都是实锤。中欧关系虽被这个特殊时代的各种舆论环绕着，但双方的利益比什么都真实，它们的彼此对接能力在快速增加，并没有被磨损掉，第五轮中德政府磋商把这一切展示得清清楚楚。

与中德签署的一系列成果相比，那些质疑中国在"算计"欧洲的舆论泡沫就显得很轻浮了。还有那些鼓动欧洲应"警惕中国"的主张更显出意识形态的偏激。

对中欧双方来说，保持、扩大彼此的正常合作，不让双方的纠纷也在当前复杂化，符合我们的共同利益。这也是中欧关系应当守住的底线。在欧洲不时能听到借助美国压力也向中国发难谋取更多利益的鼓噪，一些人宣扬中欧之间的各种分歧加起来比特朗普对钢铝产品征税并威胁向欧洲汽车征税更严重，欧洲应有足够的力量绕开这些舆论陷阱。

中欧加强合作应是未来的大概率事件，这当中完全不存在谁更有求于谁的问题。中国的市场规模大、承受能力强，有些欧洲国家则有中国不具有的技术能力。双方的互补性应该成为彼此合作的动力，而非相互猜忌的理由。贸易战也应促使中欧更珍惜彼此的合作，因为这种变得相对稀缺的合作会更有价值。

（《环球时报》2018 年 7 月 11 日）

透过习近平中东非洲行能看到什么

社 评

习近平主席19日至28日访问阿联酋和多个非洲国家，并参加在南非举行的金砖国家领导人第十次会晤。这是习近平连任国家主席后的首次外访，它针对了中东和非洲两个大区，联络起新兴市场国家和发展中国家两个概念。透过这次访问，世人可以更清楚了解中国外交的基本理念。

广大发展中国家是中国在国际事务中的天然同盟军，北京的这一认识历久弥坚。而对发展中国家来说，开展与中国的合作也具有了越来越重要、甚至不可取代的意义。

从中东到非洲，各国在与中国的合作中得到它们与发达国家关系中很难享受到的尊重和平等，中非及中阿合作也因此拥有了特殊的政治基础和感情基础。尽管西方舆论总是宣扬中国在非洲搞所谓"新殖民主义"，但非洲国家不为所动。中国平等互利合作的诚意非洲国家能感受得到，中非关系不是一些挑拨能离间得了的。

由于中国也是从贫困中艰难走出来的，中国的技术以及中国解决各种问题的经验都更加契合广大发展中国家。非洲国家同中国合作可以真正着眼于解决问题，促进发展，而不用没完没了地围绕政治理念掰扯，因经济合作而在政治上节外生枝。这样的合作恰是非洲国家急需的，对其他地区的发展中国家来说也一样。

美国总统特朗普曾经不经意地称非洲国家是"垃圾国家"，这让人想到，美国及西方的很多精英大概都对非洲存在某种蔑视。但是中国社会普遍将非洲看成合作机会，视那些国家为外交伙伴。每一个国家都值得中国友好对待并且争取，这是中国社会的真诚态度。

中国各级领导人不断访问发展中国家，中国的对外文化交流也很重视发展中国家。这些都不是孤立的，与广大发展中国家合作是中国的战略性选择，它不断在各个维度上呈现出来。

对发展中国家、尤其是非洲来说，不仅中国的技术来了，资金来了，中国的合作还倒逼了西方对非洲重要性的重新认识。在很长时间里，非洲差不多被美国"遗忘"了。美国领导人和高级官员的访非频次比中国低得多。要不是因为妒忌中非走近，整个西方大概仍会斜着眼睛看非洲。它们从未将同非洲的关系视为合作，它们觉得那是它们对非洲的教化和施舍。

中国一直强调自己在安理会的投票权是代表发展中国家的，从来没有其他大国做过这样的宣示。西方大国或者仍用宗主国的眼睛看非洲，或者常常将非洲放在现代化和民主政治的对立面。美国人中有大量非洲裔，但是美国与非洲明显缺少中非之间的那种亲切感。

习近平主席一连访问中东和非洲五个国家，并且在南非参加重要国际会议，用时 10 天，这样的日程安排近几十年哪位美国总统也没有过。中国与西方大国对非洲的态度从根本上就不一样，合作的规模和效果出现差异也就顺理成章了。

非洲和广大发展中国家的对外合作都是开放的，中国从没有想把合作变成零和游戏，从不认为哪个国家只应与中国合作，或者应把同中国合作放在首位。欢迎西方国家比中国还重视非洲，多向发展中国家投资，推动整个人类的进步与繁荣。

（《环球时报》2018 年 7 月 20 日）

中巴关系和经济走廊都很 OK

社　评

巴基斯坦选举委员会 27 日表示，由前板球明星伊姆兰·汗领导的正义运动党赢得了最多席位。巴基斯坦迎来近年来又一次民选政府的政权交接。正义运动党系第一次执政，它是巴基斯坦两大党人民党和穆盟（谢派）之外的第三力量。

由于此前有其他国家政权更迭后对中国投资的态度出现短时间波动，这样的一幕是否会在巴基斯坦上演，成为一些西方媒体炒作的话题，甚至有人把这种猜测扩大到伊姆兰·汗是否会调整巴基斯坦的整个对华关系上。

对于中巴关系，接受环球时报采访的所有中国学者都表达了坚定的信心。他们认为，中巴全天候战略合作伙伴关系名副其实，促成这种关系的所有条件都没有因伊姆兰·汗和正义运动党的执政而改变。在巴基斯坦外交的几个主要方向中，支持中巴关系的利益格局尤其稳定。

正义运动党取胜是巴国内政治的重大事件，但巴基斯坦国内政治经常出现大的摆动幅度，中国从不干预巴国内政治，中巴关系一直超越了巴内部政治的变化。

关于中巴经济走廊，巴国内从未出现过针对它的政治质疑，它是中巴互利的超级项目，这是巴国内坚定的共识。围绕该项目的讨论都是技术层面的，而这些讨论并不对项目的推进构成战略性障碍。

伊姆兰·汗在正义运动党获胜后迅速表示，中巴经济走廊给巴基斯坦带来机遇，还赞扬中国政府在扶贫和反腐领域所取得的成就，并称未来将加强同中国的交流、学习中国的成功经验。

中巴经济走廊是为中巴合作锦上添花的巨大工程，对两国都具有战略意义，也为巴基斯坦经济发展带来强劲动力。西方现在谈巴基斯坦"债务负担"问题，但他们不是一般的技术分析，而是对此做政治炒作，企图在中巴关系中打一个楔子。

中巴两国一直都在谨慎评估与两国合作有关的债务问题，使它保持在一个可控的范围内。两国拥有令外界羡慕的高度战略互信，配合积极、紧密，这也是双方几十年来大型合作一直得以平稳运行的重要基础保障。

严肃的分析都认为，伊姆兰·汗执政的挑战大多集中在国内领域。在外界为伊姆兰·汗列出的最紧迫问题单子中，国内极端主义、经济发展、人口爆炸、水资源危机等位于前列，而发展经济显然是解决巴基斯坦各种棘手问题最现实的突破口。中国是巴基斯坦致力于稳定与繁荣最可靠的伙伴，中国向巴基斯坦提供的综合支持不可取代。

西方媒体对巴基斯坦抱有好感并且持公正态度的不多，抹黑巴基斯坦及中巴关系往往是他们"不用扬鞭自奋蹄"的事情。他们几乎就没有说过中巴经济走廊的好话，今后也无需指望他们改变对这一项目的唱衰态度。

中巴经济走廊非一朝一夕之功，中巴既用不着理睬一些人吐的口水，也不应把今后推进中巴经济走廊的精力用来与那些不友好的评论置气，专门和它们对着干。我们的工作应保持既定节奏，对应现实情况加以执行，确保它们与中巴两国的利益和需求保持动态的高度契合，并且为整个地区的繁荣发挥建设性作用。

中国人常说，山不转水转。巴基斯坦的发展不断被动荡打乱，但它的国运不可能总是低迷的。发展会重新成为这个国家的主题，而这离不开中巴经济走廊的支持。中巴经济走廊立足现实，面向未来，随着极端主义在南亚退潮，它的前途必将充满光明，为中巴关系结出新的纽带。

（《环球时报》2018 年 7 月 28 日）

西方对中柬关系很是羡慕嫉妒恨

社　评

　　柬埔寨 29 日举行大选投票，现任首相洪森领导的人民党宣布获得"压倒性胜利"，并表示该党获得 80% 的投票，预计将取得国会 125 个席位中的不低于 100 个。这一结果不仅远超其他政党，而且大大超过它自己在上一次大选中的成绩。洪森将连任柬埔寨首相。

　　柬埔寨是君主立宪国家，现年 65 岁的洪森已经连续执政 33 年，是世界上在位时间最长的领导人之一。由于柬埔寨最高法院去年解散了最大的反对党救国党，该党曾在上一次大选中获得超过 40% 的选票，美国和欧盟退出了对柬埔寨此次选举的支持，西方舆论还指责洪森政府"放弃了任何民主的伪装"。

　　西方舆论还普遍向中柬关系发难，宣称中国支持了洪森的"铁腕统治"，洪森以力挺中国南海政策换取了中国的援助，还因此对西方的冷落"嗤之以鼻"。

　　然而西方舆论不得不承认柬埔寨自新世纪以来年均 7% 的高速经济增长，这个国家在洪森领导下成功甩掉了世界最不发达国家的帽子，这增加了洪森"连续执政的合法性"。

　　不能不说，西方的批评是戴着有色眼镜看柬埔寨和中柬关系发出的陈词滥调。而且这种批评的逻辑及价值标准都很混乱。

　　柬埔寨不管怎么说搞的是多党选举，反对派在该国可以合法存在，按照西方的政治标准，它本不该是西方舆论在东盟地区的主要靶子。因为东盟中毕竟还有西方更不接受的社会主义制度国家。

洪森更大的"罪过"大概还是外交上拒绝跟美国跑，同时不掩饰加强与中国合作的意愿。在南海问题上，柬反对个别国家把其同中国的争议东盟化，主张具体国家直接同中国谈判解决争端，反对东盟的过度介入，更反对域外国家干涉。美国等很想通过选举把洪森搞下台。

其实执政33年的洪森经历了各种风雨和一些国家对其态度的改变，甚至一变再变。比如美国在他上世纪80年代末90年代初执政的早期支持了他的敌人，后来转而支持他，直到最近这些年重新站到他的对立面。

中国与柬埔寨自1958年以来建立了友好关系，但也曾在一段时间里反对洪森政权，直到1996年他应邀访问北京，开辟了双方关系的新局面。在那之后中柬关系得到顺利发展，合作面不断拓宽，中国最终成为柬最大投资国，以及柬的第一大贸易伙伴。

洪森成为柬埔寨政治强人，决非中国扶植起来的。实际上柬埔寨政局这些年的戏剧性演变是那个国家内部发生的故事，洪森奇迹般地摆脱了外部大力量的影响，实现了柬埔寨政治上的高度独立自主，而且他没有因此让这个国家付出社会代价。柬埔寨不仅走出了内战的阴影，而且长期保持了经济发展。

中柬关系说起来也很简单：相互尊重，发展互利合作。中国没有把对柬投资及援助与柬国内政治挂钩，北京不干预柬政治斗争，我们支持柬的未来由柬埔寨人民自己选择，而无论这一选择是什么，中国都愿意两国友好相处。

这是中国坚持奉行的周边外交政策，没什么特别之处，但它在中柬关系中结出硕果，对此不开心的西方国家应当反思，而不是羡慕嫉妒恨。

当然，柬埔寨只要奉行多党选举，政党轮替大概迟早都要发生。如何在这样的友好国家里保持中国投资和其他利益的安全，这个课题是值得我们加以思考、探索的。然而这种远虑并不影响我们继续加强当前与柬埔寨的合作，而且，让这种合作更具有可持续性，只会让两国的合作更有方向感，操作方式更加合理。

（《环球时报》2018 年 7 月 30 日）

南亚只能靠着美国和广义的西方，没有什么选择。但大多数东南亚国家未能走向现代化。

中国增加了菲律宾的合作选择，而不是用中国替代别的选择。因为中国崛起，菲律宾和东南亚更受重视了。杜特尔特改与中国修好，更使今天的菲律宾比阿基诺三世时代的菲律宾受到了美日等国的更多尊重，战略主动性替换了马尼拉过去的对外依附性。

中菲友好合作具有重大、系统的意义。它顿然改变了菲律宾的战略处境，带来了中菲互利共赢和菲律宾发展新的格局。假以时日，这样的路线必将结出硕果。我们希望，习近平主席的国事访问将对加快中菲合作带来新的推动。

（《环球时报》2018 年 11 月 20 日）

中印边界谈判达重要共识，可贺

社　评

中印边界问题特别代表第 21 次会晤 24 日在成都举行。新闻公报称，会晤取得重要共识，"基调积极，富有建设性和前瞻性"。舆论注意到，与过去多是外交辞令类的简短消息相比，这次公报的内容比较多，也比较新。

显然，会晤氛围不错，也卓有成效。

中印边界会晤从 2003 年启动，至今已 15 年。总体进展不算大。但能把中印关系中最复杂最敏感的边界争端，摆到桌面上来谈，其本身就具有重大的现实及象征意义。有了这样的机制，中印双方的边境士兵在一线处理分歧时也会相对克制些，尽可能避免擦枪走火。这对两个相邻大国来说，当然非同小可。

成都会晤是洞朗对峙后的中印首次边界谈判，也是双方领导人在武汉会晤后的首次谈判。洞朗对峙剑拔弩张，印度舆论发出不少过激的声音，中国也有。设想一下当时如果真打起来，今天的中印关系又将是什么样的局面？事实表明，中印两国的决策者在战略上是相当清醒的。这是两国之幸，也是地区之幸。

中印在经贸上相对依存度一直不算高，文化上有隔阂，历史上有过节，现实中存在边界争端。双方社会的互信薄弱，外界又有很多力量出于不同心理希望中印怼起来。可想而知，在这种情况下，中印很容易闹起矛盾，绝对意义上的和平共处并不容易。

因为此，对中印来说，保持冷静和理性至关重要。印度舆论历来比较容易激动，这反过来又会刺激中国舆论，在负向互动中形成有害的氛围，无形中增加了双方理性决策的压力和成本。面对直接分歧时，如何保证头脑不发热，决不仅是中印决策层的事。边境上的士兵，两国的媒体人，以及每一个和中印关系发生联系的人，都该有此认识。

其次，中印需要始终坚持独立判断。尤其当前中印关系的外部环境异常复杂，欧美看待中印的心态都很微妙。中印都是大国，但也都是发展中国家，是这一轮现代化中的后来者。全球话语权的基本结构是西强东弱。西方舆论具备在潜移默化中塑造非西方国家社会认知的意愿和能力。

如前些年比较热的所谓"龙象之争"，就是西方炮制出的一个带有明显倾向性的话题。中印要保持高度警惕，不受人挑唆，不掉入他人处心积虑为中印设下的套路。

第三，中印要有处理棘手问题的耐心和智慧。就像边界谈判，中印谈了 15 年 21 次，在今天进一步达成重要共识，但也只能算一个阶段性的成果，离真正解决边界争端还很遥远。对此不能有毕其功于一役的急迫心理。

看待中印关系要有战略眼光和未来视角。妥善管控住直接争议，加强建设信任措施，在政治层面致力于发展双边关系，中印在各领域的互利共赢，就会像种子被阳光和雨水激活，快速地自然生长。未来的"龙象共舞"完全是可以期待的。

（《环球时报》2018 年 11 月 26 日）

读懂中国，从读懂进博会开始

社 评

首届中国国际进口博览会星期一在上海开幕，习近平主席与会并发表重要讲话。在我们看来，进博会可以看成中国更高水平对外开放的开启仪式。

仪式感在中国文化中往往有着特殊意义，它会转化成催生执行力的推力。这一点外国人经常看不懂。

近来中国的政策领域出现了一些引人关注的强调和重描。中央政治局上周举行会议讨论经济形势，习近平总书记与民营企业家座谈，强调党和国家对非公有制企业发展的支持，尤其说了民营企业和民营企业家是"我们自己人"。这是针对一段时间以来社会上的思想动向就所有制问题所做的厘清，是对国内改革加注动能的重要之举。

面对贸易战的压力，中国是愤然关上国门，还是坚持扩大开放，这是对我们从思想到实践的综合考验。看看一些遭美制裁的国家多么容易陷入冲动的全面对抗，就会发现，中国的对策是截然不同的。4月博鳌亚洲论坛上中国宣布新的开放措施，进博会不仅按计划举行，而且得到精心组织，展示了中国不受国际环境变迁干扰进一步扩大开放的决心。

中国的改革与开放都在疾风骤雨中稳住了阵脚，中国人自己最清楚，这样的态度和决心对这个国家来说是多么重要。只要路是对的，思想方法是实事求是的，什么样的困难我们都能找到应对策略，即使一时解决不了的问题，我们也会把它的危害尽量减少到最低。

和很多在美国贸易压力下迅速"投降"的国家比起来，中国的坚强和承受力突出了出来。与一些不顾自己实力开展极限对抗的国家比起来，中国的理性和战略智慧则展现了出来。中国的确是有自己发展规划、有能力将对它的坚持与适时调整统筹起来的独特大国。

相信所有中国人在看了昨天进博会的开幕式之后，都会毫不怀疑中国政府进一步开放的决心是真的。很多善于总结的人也都感受到，国家近一段时间的政策阐述形成了相互呼应，共同宣示了实事求是把经济社会发展全面搞上去的政治意志。

中国经过长时间改革开放来到了有相当竞争力的世界第二大力量的位置，中外如何相处，前段时间各方都在探索，彼此磨合，其间伴随了摩擦和冲突。时至今日，有的国家还在犹豫，而中国的路线已经愈发清晰、坚定，进博会犹如中国清了嗓子之后对世界再次说出的"你好"。

中国的改革开放正在更高水平上再出发，这一次我们更没有退路，唯有在促进国内多元发展和与世界更深度融合的基础上实现民富国强及长治久安。中国必须走通这条路，走稳这条路。

从历史上看，中国的改革开放大多数时候都是在西方舆论说我们"不够快""走形式"的冷嘲热讽中进行的，因此西方怎么说我们，这不重要。中国继续改开的决心定下来，节奏要根据我们的实际情况来定，但它必须是不断真实推进的，能与内外的期待大体合拍，而且政策宣示要不断落到实处，不断增加国内民众的获得感，同时要把更多受益感带给国际社会。

改开从一个庞大的学习工程开始，越往后走越是综合创新工程。

国家级的进博会是中国首创，一边回击美国贸易战，一边坚持把美国作为中国主要开放对象之一，这样的战略态度同样是中国首创。中国越来越强大，但我们也越来越清楚，强大意味着更多挑战与责任，需要我们的更多智慧和冷静。

中国在真正走入 21 世纪，做一个独立自主的、与人为善的、负责任的大国。

（《环球时报》2018 年 11 月 6 日）

莫夸大中国外部战略环境的困难

金灿荣

大国把握自己外部战略环境的能力总体而言会比小国更强一些，这是国际关系中的一个基本事实。但大国也有自身的困难，其他国家对大国的疑虑通常也会更高一些，导致大国在所在地区一般都不太受欢迎。

比如，研究拉美的学者都知道一句话：拉丁美洲的悲剧是离上帝太远，离美国太近，拉美国家多多少少都受过美国欺负。东欧国家比较怕俄罗斯，比如布热津斯基在《大棋局》里讲过，波兰人对俄国人的仇恨是从娘胎里带出来的。西欧人比较怕德国，欧洲人二战后开始搞联合时动机很复杂，它的起点是上世纪 50 年代的欧洲煤钢联营，依据是法国外长舒曼提出的"舒曼计划"，那个计划充满对德国的疑虑，其中讲到搞欧洲联合的目的就是"引入美国、驱除俄罗斯、压制德国"。另外南亚国家一般怕印度。按照这个逻辑，东亚国家对中国有疑虑也算正常。

大国的处境就是这样复杂，它的体量决定自身比较安全，国际影响力较大。但也正因这种体量，它所受到的周边国家猜忌更多。

较之一般大国，中国的处境还要更复杂。一是因为中国的周边邻国比一般大国都多。我们陆上有 14 个邻国，海上 8 个，其中越南和朝鲜既是陆上邻国又是海上邻国，所以算起来总共是 20 个邻国，在大国里最多。不仅邻国多，人也多。中国和周边国家人口加起来，大概占世界总人口的一半。国家多、人口多，事情自然就多。

二是中国周边国家情况比较复杂。比如各国发展程度很不一样，有非常发达的国家，也有很落后的国家；力量差距巨大，有极强大的国家，也有极弱小的国家；政治制度很不一样，人类所有政治制度这里都有；文明背景大不同，人类所有宗教这里也几乎都有，比如佛教、印度教、伊斯兰教和天主教。另外人种也多，俄罗斯和中亚是白种人，东北亚黄种人，印尼东部和巴布亚新几内亚一带是棕色人种，等等。

三是周边国家跟中国的历史记忆不同。中国强调自己自古以来是农耕民族，不搞对外侵略，爱好和平。但在周边国家的历史记忆中，中国挺会打人的。不仅历史记忆不同，也有很多现实问题。近代以来学习和引入西方国家的民族国家等概念后，这里的边界矛盾和文化冲突等问题都出现了。

正因这些原因，中国的周边环境比西方国家都更复杂。对于这样的一个中国快速崛起，周边反应也必然复杂。

如果说中国在战略处境上面临挑战，当然毋庸置疑，但也不能过于夸大现实的挑战或困难。就新中国的历史而言，现在不是中国最难的时候。最难的时候可能是在毛泽东时代，比如上世纪60年代，我们在外部跟美苏都对立，还跟印度有边境冲突，在内部则有蒋介石嚷嚷反攻大陆。

夸大现实难度似乎是人的天性，而且我们这代人承平已久，对现实困难的心理承受力差。另外网络时代也容易把问题夸大，对此我们应有客观认识。

以上是背景，回到现实来讲，现在中国的发展确实到了一个节点，经济总量、制造业规模等指标都在世界上名列前茅，国际影响力显著提升。这种情况下，外部世界对我们的态度就更纠结了。

一方面，西方国家开始感到紧张，担心中国挑战它们的领导地位，周边跟我们有矛盾的国家也紧张，甚至感到所谓的"威胁"。但另一方面，广大发展中国家普遍感到高兴，它们觉得有希望了。周边跟我们关系不错甚至很铁的国家，比如巴基斯坦、老挝、柬埔寨、泰国、缅甸和中亚国家也欢迎中国崛起。当然，现在西方国家仍是占主导的力量，周边跟中国有矛盾的国家力量也较强，而喜欢或欢迎中国崛起的国家实力总体偏弱，在国际上没太大发言权，帮不上特别大忙。

中国崛起已是事实，它必然会产生外部性，这种外部性或者说外部影响有好有坏。只是最近一段时间，竞争和矛盾的一面更突出了一点，给人感觉好像我们挑战很多。但我们毕竟是大国，应对能力很强。另外大国天生面临矛盾就多，与周边存在摩擦也算正常，风和日丽是非常态，风雨交加才是常态。

在衡量中国外部环境时，美国当然是最关键的因素之一，现在它对我们明显感到紧张。而中美关系矛盾一面一突出，就会产生"一丑遮百俊"的效果。

其实仔细分析，当前中国周边战略形势还行。比如我们跟俄罗斯关系很好，跟中亚"五个斯坦"也相当好，跟南亚大部分国家很铁。东南亚国家大部分都还可以，跟菲律宾和越南关系处理得都不错。南亚方面，虽然去年跟印度发生洞朗对峙，但后来双方予以妥善处理，都做了不少缓和关系的工作，比如中国商务部组织中国贸易促进团赴印开展经贸交流，印方也频繁派出高官访华，到4月份中印两国领导人举行了武汉会晤。东北亚方向，中朝关系充分体现了坚韧性，中韩关系这段时间很稳定。尤为突出的中日关系改善势头良好，李克强总理刚刚正式访日并出席了中日韩领导人会议。

也就是说，除了中美摩擦显得比较突出，其他方向上都还不错。至于中美关系，我觉得还是处在斗而不破的状态。美国对我们态度确实有变，这种变化很可能是战略性的，这得承认。但美国好像也没人公开主张要跟中国对抗，比如在贸易摩擦问题上，即使是那些美国贸易鹰派，也一直没放弃谈判基调。

这就是中国外部环境的现实情况。中国特殊的地理和历史决定外部环境向来复杂，很少有完全风和日丽的时候，当前阶段在新中国历史上也不是最难的。中国是一个超大型国家，只要我们家里不出事，保持战略定力，外部挑战就都是可控的，我们不要人为夸大战略环境上的困难，自己吓唬自己。

（作者是中国人民大学国际关系学院教授、
副院长；《环球时报》2018 年 6 月 19 日）

"债权帝国主义论"不值一驳

王 文

当"一带一路"倡议逐渐获得越来越多人的认可与接受时，一些外国学者却频频创造新词进行抹黑。近期，一种冠以"中国债权帝国主义"的论调逐渐在国际场合流传起来，笔者曾数次在国际场合听到类似逻辑与对中国的相关怀疑。

这个概念源自去年年底印度学者发布的一篇评论文章，勾勒中国借用主权债务强迫他国"臣服"的"帝国主义形象"，构陷中国正在使"从阿根廷到纳米比亚再到老挝等多国陷入债务陷阱"，迫使这些国家为避免债务违约，痛苦地选择让中国控制本国资源，并丧失本国主权。文章最终得出的结论是，"一带一路"本质上是一个旨在实现神话般中国帝国主义的野心计划。

"债权帝国主义论"很精准地迎合了国际社会一些人的想象：中国虽没有重复西方列强的殖民主义道路，却在以新的方式塑造着国际霸权。可以想象，类似论调会加剧"一带一路"沿线国家对中国的猜忌，干扰相关项目，尤其是那些以开发性金融为主要操作方式的大项目的推进顺畅度，甚至有可能会升级为下一轮"中国威胁论"的主要逻辑。

"债权帝国主义"说法的核心论据是，以欧盟国家的"债务警戒线"来衡量"一带一路"国家的债务状态，进而批判中国利用重债对穷国谋利。事实上，这种标准不适用于新兴经济体与高速增长的发展中国家。

以近年来经济增速稳定在 7% 左右的斯里兰卡为例，中国贷款建设汉班托塔将使斯里兰卡经济如虎添翼。中国企业凭借成熟的建设经验、技术、资金获得汉班托塔港项目，所获得的 99 年土地租期也属于斯里兰卡针对全球企业的一般通则。斯里兰卡经济在偿还债务并保持可持续性发展方面不成问题。应该说，该项目恰恰是"一带一路"各国优势互补、共同发展的例证。

可见，对"一带一路"精耕细作，不能只是在对具体重大项目前期评估、中期验收与后期运营上的精耕细作，还需要对项目所涉及的地缘政治、经济效应、债务可持续、社会融洽度等综合变量进行更加精细的评估与舆论的预先引导。

另一方面，"债权帝国主义"论调也在反向提醒国人，要增加对"一带一路"具体项目，尤其是那些重大工程的透明度。如果有较透明的投资规划与财务预期，不仅对中国投资者会有促进作用，而且对国际社会的舆论猜测同样也是一种有力的回应，并将极大推进中国发展模式的吸引力与可借鉴性。

此外，面对"债权帝国主义"等看似精准、实则拙劣的诸多抹黑中伤，中国推进"一带一路"建设势必要做好打持久战、攻坚战的心理准备与战略安排。

第一，要以建设"百年工程"的持久耐力推进"一带一路"。"一带一路"具有长期性，与"中国"这个国家品牌的美誉度密切相关。诚如中华民族伟大复兴是一项"百年工程"，"一带一路"也要放眼长远。目前中国人投资参与的那些"一带一路"工程与项目，会在未来接受当地国民的评判。而这些评判的好坏将直接建构未来中国的口碑。只有真正造福于当地，出现一个又一个中国人造的"百年工程"，那些当下所谓欠的"债务"才会被当地人视为值得。

第二，要以打造"经典案例"的攻坚精神推进"一带一路"。做好"一带一路"旗舰项目，将会产生事实胜于雄辩的有效舆论引导作用。粗放化的贪多求全不是当下"一带一路"的要务，而是需要精细化地聚焦。比如对于中巴经济走廊、埃及苏伊士经贸合作区等项目，要结合政产学研团队作战力量建好，形成示范标杆效应，润物细无声地影响国际舆论。

第三，要以"先易后难"的工作节奏推进"一带一路"。推进"一带一路"积极态度代表着中国参与全球治理的进取心，但不能形成中国是在上门推销或兜售的国际印象。送上门的东西往往不好，这是人之常情的想法。但过去4年多已充分证明"一带一路"是中国人向国际社会提供的优质公共产品，中国应有充分自信，若有兴趣与中国合作，中国很乐意；若不愿意或不理解，中国也不强求。

（作者是中国人民大学重阳金融研究院执行院长；
《环球时报》2018年2月27日）

篇　三

中美博弈

环球时报年度评论选（2018）

中国决不能让美国国会牵着鼻子走

社　评

美国参议院星期三全票通过了提升美台关系的"台湾旅行法"，由于 1 月份众议院已经全票通过这项法案，它的立法程序只剩下最后一项，那就是特朗普总统的签字。

参众两院都全票通过一项严重损害中美关系的法案，这极不寻常。它反映了美国面对中国崛起时民族主义的空前高涨。国会的冲动与好斗达到了沸点，议员们在用这个法案发泄他们与中国有关的种种焦虑和狂躁。

我们呼吁特朗普总统表现出他作为美国领导人应有的冷静和清醒，否决这一法案。尽管他可能因此面临国会的压力，但不动摇中美关系中一个中国的政治基础，维护两国关系的基本稳定，将最终给他这一届总统任期带来骄傲，也将为他赖以竞选连任的政治基本面提供支持。

对中国来说，我们也要冷静分析当下美国对华关系的严重动向，立足于我们自己的能力进行应对，而不是把大部分希望寄托在对美国行政当局的说服上。

美国精英群体对中国的敌意在明显上升，这导致了台湾这张牌快速重新变成美方的主牌。但是我们也要看到，美国并没有摊开台湾这张牌的决心，它这方面的真实意志恰恰是在逐渐变弱的。美国现在干的是要好好"玩"这张牌，攥着举着这张牌朝中国比画，试图恫吓我们，影响中美的整个牌局。

中国不能按照美国的逻辑与它打牌，不能任由它"亮主"，我们总是跟牌。中国应该"它打它的，我打我的"，把一桌牌变两桌牌，让美国国会的作用在台海问题上从显要位置走向边缘化。

如今台湾经济对大陆形成高度依赖，解放军的强大能力则根本改变了台海地区的军事政治态势，在外交上，大陆基本能做到逐渐把台湾的"邦交国"像拔毛一样拔秃了。美国这时通过"台湾旅行法"，是属于"捣乱"级别的，根本不具有对台海形势的战略设置力。

中国大陆要做的是把我们的压制力释放出来，对台美改变现状的做法予以强有力的抵消，把台湾打成一桌乱牌，让民进党当局承受台美交流升级所带来的恶果。直到有一天民进党先玩不下去了，或者它被台湾选民剥夺执政权，届时美国的亲台反华势力都将跟着蒙羞。

在美方发起挑衅的每一个案例中，如果我们的目标都是促使美方放弃挑衅，并以此衡量胜负，我们将不胜其累。中美是大博弈，台海是中博弈，我们不能让美国的反华议员在小博弈中牵着鼻子走。有人说，北京要加强做美国国会议员的工作，我们看还是算了吧。做他们工作的那些精力，不如用来惩戒台湾岛内的政治小丑们。

明明是大陆力量的高速增长赋予了我们在台海地区前所未有的战略主动，美国国会里不知深浅的家伙们却想将我们的战略主动盗窃走。他们休想。

"台独"势力是华盛顿手里的牌，也是它的一只狗。华盛顿用"遛狗"向我们抖威风，大陆就应该用"打狗"还以颜色，让不可一世的美国保守势力下不来台。"台独"势力愿意做不被那边拴就被这边打的狗，但台湾决不会愿意跟着被绑架、殃及。被美国利用着陷入与强大中国大陆的长期敌对，这绝非台湾好的选择，这点集体理性台湾社会还是有的。

阻止美国通过"台湾旅行法"是挺难的一件事，但是按照我们的逻辑打台海这桌牌，我们会发现自己的牌要多少有多少。那么为何不从今天开始我们就这样去做呢？

（《环球时报》2018 年 3 月 2 日）

中美贸易战停战是两国共同胜利

社 评

中美两国经贸磋商代表团 19 日发表联合声明，宣布两国同意采取有效措施实质性减少美对华货物贸易逆差。声明说，为满足中国人民不断增长的消费需求和促进高质量经济发展，中方将大量增加自美购买商品和服务，这也有助于美国经济增长和就业。

双方同意有意义地增加美国农产品和能源出口，还就扩大制造业产品和服务贸易进行了讨论并达成共识。中美还就知识产权保护、鼓励双向投资等达成共识。双方同意继续就此保持高层沟通。

自中国改革开放以来，中美贸易持续保持增长势头，迄今扩大为世界上规模最大的双边货物贸易。最近几年，两国服务贸易也呈现激增之势。然而由于多种原因，中国对美货物贸易顺差逐渐扩大，形成了当今世界第一大贸易顺差。

中方统计显示，2017 年我国对美货物贸易顺差达到 2758 亿美元，美方的统计则认为其 2017 年对华货物贸易逆差高达 3752 亿美元，大约为美国对全球货物贸易逆差的一半。失衡度如此高的双边贸易确实难以持续，美方长期以来要求中方采取措施减少美方对华贸易逆差，中国也付出了努力，但实际情形是美国对华贸易逆差继续扩大，2017 年又比前一年增长了 200 多亿美元。

美国今年以来与全球贸易关系出现紧张，中美贸易首当其冲。今年 3 月以来，美国单方面加征钢铝产品进口关税，中国对其涉及中国产品的部分采取了坚决回应行动，中美贸易战就此打响了严重冲击两国全面关系、并且搅动了全球市场的前哨战。

从 2 月底刘鹤访美到 5 月初美国代表团赴华磋商，再到本次刘鹤率团再度访美，中美共进行了 3 轮磋商。回头看，这是世界第一大和第二大经济体对现行贸易机制长期运行积累下来的问题进行联合剖析、定义，并加以解决的尝试。

经贸合作一直是中美关系的推进器和压舱石，但是一段时间以来，经贸问题却不断成为中美保持良好全面关系的主要挑战之一，从根本上解决这个问题势在必行。经贸关系平稳了，中美的利益纽带就会更牢固，你中有我、我中有你的格局就会成为稳定构架，互利共赢也将落到实处。

然而人们看到，由于中美的政策都以自己的国家利益为本位，这样的历史性磨合是十分艰难的。在过去的两个多月里，中美贸易战呈现烽烟四起之势，直到达成协议、握手言和前的最后时刻，双方都没有放弃决不向对方让步的意志展示。

在中美发表的联合声明中，人们普遍注意到"实质性减少美对华货物贸易逆差"的表述，一些人认为这意味着"美国赢了"。

然而不用说，中美经贸磋商中心议题肯定是商量中方如何扩大从美国的进口，因为中美贸易不平衡的突出表现是美国贸易逆差太大了。促进中美贸易平衡，这是主要方向。

最关键的是如何实现这一平衡。华盛顿希望这个平衡过程中实现美方利益的最大化，而中国则坚持扩大进口美国商品必须最大限度地契合中国经济社会发展的紧迫需求。美方希望中国政府以计划经济的方式推动减少美国逆差，中方则坚持这必须是一个市场化贸易平衡的过程，减少美国贸易逆差不仅中方要多买，美方还需积极配合，让中国民间的进口机构有的买，并且在中国市场上卖得出。这是双方博弈的真正焦点。

从这个角度看，这次中美签署的协议遵循了两国双赢的原则。美方将获得大幅减少贸易逆差的机会，中国将实现有助于国家发展和人民美好生活所需产品从美方的稳定购买。美打破以往管制向中国出口能源产品将使中国的能源进口渠道更加多元，美国向中国出售更多农产品，等于是向中国出口农业的自然和技术条件，等等。

从宏观上看，贸易平衡是全球化不断发展的条件之一，中美每一次谈判都会把两国贸易朝着平衡的方向推一推。朝着公平原则的不断靠近恐怕是唯一趋势，因为如果是相反的情况，即使谈成了，也执行不下去。

比如中国答应了帮美国实质性减少逆差，但如果美方就是提供不了中国市场需要的产品，中国消费者不认账，那么双方商定什么减赤数字都将是一纸空文。任何贸易协定都必须是能够执行的，不能是计划式的强买强卖，这一基本规则在中美这次谈判之前如此，今后也不可能改变。

中国作为世界最大贸易顺差国之一，这场中美贸易交锋让我们对国际贸易的延伸含义有了更多了解，我们对国家实力的认识也有了更多素材和新的维度。中国必须继续扩大本国的市场容量，我们还需增加自己在全球生产及供应链上的不可替代性。我们更加清楚了，为崛起为现代化强国，我们还有大量事情要做。

（《环球时报》2018 年 5 月 21 日）

中美社会都应珍惜得来不易的协议

单仁平

美国财长姆努钦周日接受福克斯电视台采访时表示，美中就框架问题达成协议，同意停打贸易战。

这是美方在中美联合声明之外发出的停止对华贸易战的补充性明确信息。为了安抚部分激进的美国舆论，姆努钦说了一些如果中国没有遵守承诺，特朗普政府有权再对中国产品加征关税的假设。

中美联合声明美国时间星期五公布之后，中美舆论中都出现了一些对本国"吃亏了"的抱怨。

中国互联网上一些人质问：当初我们的官员和主流媒体强硬表示"决不妥协"，现在却决定大量增加从美国的进口，而且还有在知识产权等问题上回应美国，这不等于是打自己的脸吗？

美国议员和媒体的情况几乎是中国网上反应的翻版。那些激进的美国人质问白宫：说好的美国减少 2000 亿美元对华逆差这个目标跑哪儿去了？还有为什么要放中兴一马？而所有这些让步换来的只是中国给的"空头许诺"。

回头看中美这场贸易战，完全是美方挑起的。华盛顿近来高高举起关税大棒，所向披靡，遭到威胁的各国大体采取了"求饶"姿态，只有中国成为突出的例外。中国的著名态度是：不想打贸易战，但是不怕打，如果美方逼我们打，中方奉陪到底。我们对美方加征关税的每一项计划都采取了坚决的对等回击。

中国的坚定态度换来了美方的认真谈判，并且最终达成双方休战的框架协议。美国在对方坚决抵制的情况下同意停止贸易战，这是特朗普政府时期的第一例。

现在中美舆论第一时间都有人觉得自己国家"吃亏了"，恰恰说明双方达成的是个比较公平的协议。之前双方都最大限度地展示了绝不惧战的意志，最后却都各让一步，握手言和，这样的戏剧性转折是重大博弈的经典情节，但博弈双方的舆论未必都能迅速跟上。双方舆论的这种不满意往往是一个好协议的标配。

中美就如何实现贸易平衡这一两国的核心关切达成协议可谓来之不易。边打边谈的过程让美方充分认识了中国坚决维护本国利益的意志，也令其对中国的贸易实力重新做出评估。这次贸易战的解决方式必将对中美两国今后处理各种纠纷和危机产生示范效应和深远影响。

另外，中美舆论除了不该过多抱怨两国政府达成的协议，过多宣扬自己一方取得胜利，同样不妥。后一种做法在这个全球化时代会刺激对方舆论，那将可能影响协议的后续具体化以及执行过程，提升两国实际推动贸易平衡的成本。

我们认为，中美不仅相互挥舞了大棒，而且打响了贸易战的前哨战，先后进行了两轮磋商，两国政府的谈判团队对对方可谓已经相当了解，或者说，他们是中美各自国家最掌握全局和现实情况的团队。他们最后达成的协议，应当说无限接近了两个国家在目前条件下有可能达到的最好结果。

负责任的中美媒体和意见领袖应当帮助两国社会了解这个事实，支持协议的顺利落实，而不应该为了一己私利反对协议，或者使劲夸大己方的胜利。双方都应当承认，这是一个艰难得来的公平协议，是中美真正的双赢。一方压倒性胜利，另一方近乎缴械投降，这种情况不是中美这两个大国之间合乎逻辑的故事结尾。

（《环球时报》2018 年 5 月 21 日）

"跟共产党跑的西方人"，美国式扣帽子

社 评

华盛顿的知名智库哈德逊研究所日前抛出一个报告，题为《中共对外干预活动：美国和其他民主国家该如何应对》。该报告攻击中共的统一战线，指责中共干预美国选举和竞选资金、破坏学术自由、培养乐于同中国合作的美国精英人士、影响美国智库、改变好莱坞和美国媒体的叙事、让华人社区为中共的目标服务，等等。

哈德逊研究所中国战略中心主任白邦瑞表示，报告提出了一个关键的概念，即"跟共产党跑的西方人"，认为那些人不仅可能会讲中国的好话，还可以帮助中国理解那些北京试图影响的辩论。

看来美国开始炒作"效忠中国"的"带路党"了，不同的是，发起这一话题的不是互联网上的活跃发言者，而是白邦瑞这样的学者和哈德逊研究所这样的在美国有些影响力的智库。

上述报告传递出的对中国的警惕已经在西方不新鲜了，但是它对"中国干涉"的描述更加夸张和系统，制造了更加抢眼的概念。它让我们进一步领教了一些西方精英一旦先入为主，再加上些意识形态的狂热和吸引眼球的私心，会走火入魔成什么样子。

相信绝大多数中国人一旦听说哈德逊研究所的这种报告，都会非常诧异，觉得报告所描述的中国"一点也不像"他们所了解的这个国家。

中国现在就要出手从思想和政治上影响甚至改造美国了？中国要输出意识形态，把红旗插遍全球？看来中国安全部门的确可能像美国媒体报道的那样，在几年前把美国在华情报网络给"一锅端了"，使得美国人对中国党和政府究竟在"想什么"已经一无所知了。

所有中国人都知道，中国的涉外政治注意力仍然集中在"防渗透"，而非"渗透西方"上。西方对中国社会的价值渗透至今来势汹汹，实话说，大多数中国人不认为我们现在有对西方实施"千里跃进大别山"式"价值反攻"的软实力，我们也没有必要花钱去西方搞一些虚假的"意识形态根据地"。

中国的确在试图影响一些西方人，但唯一目的是增进西方社会同中国的友好，减少西方舆论对中国的误解。这难道不是国际关系中光明正大的事情吗？请问哪个国家的对外交往不包含这一项使命，又有哪个国家的对外工作预算中没有这一项开支？

中国在美国等西方国家开孔子学院，模仿的就是德国的歌德学院和西班牙的塞万提斯学院等。中国方面资助了部分美国学者的研究，请问美国有多少基金会这些年在中国资助了多少个课题研究呢？即使一些中国人觉得应该规范这些资助，但中国舆论公开谴责那些资助了吗？

按照美国一些人的逻辑，上个世纪初美国用庚子赔款创办清华大学等，都该遭到中国人的声讨。此外中美今天的大部分文化交流都该被取缔，好莱坞影片应被禁止在中国上映，星巴克等亦应被定义成美国文化和价值观的隐性传播者。

中国体制内从未听说有过向世界其他国家"推广中国模式"的号召，维护世界文化和政治上的多样性是中国真实的外交原则之一。而美国国务卿蓬佩奥几天前还在宣扬要向非洲推广西方模式。更奇葩的是，美国能让蓬佩奥的宣示和对"跟共产党跑的西方人"的声讨同时在那个国家里成为"主流声音"，而一点也不感觉它们是矛盾的。

现在与一些美国精英已经到了不可辩论的程度，他们自负、傲慢、冲动，且政治挂帅，美国利益优先的观念其实和特朗普总统一样严重。他们对中国的描述越来越标签化，与常识形成肆无忌惮的冲突。

（《环球时报》2018 年 6 月 23 日）

美国搞技术隔绝阻止不了中国进步

社 评

据美国媒体报道，特朗普政府将在本周公布禁止中国公司投资美国科技公司并进一步限制向中国技术出口的计划。美国财长姆努钦晚些时候发推特表示，媒体的报道不准确，相关计划并非专门针对中国，而是面向所有企图窃取美国技术的国家。

尽管如此，不少分析认为，美国此举主要意在阻止中国在信息技术、航空航天、电动汽车和生物工程等领域的技术进步，媒体预计，这将加剧中美的贸易紧张。

对投资和技术出口过度限制不利于商业的正常发展，这是常识。华盛顿不断对其相关的保守政策加码，是以几个严重误判为基础的。这些误判包括：

第一，认为中国这些年的技术发展本不应该发生，它是美国对技术出口管制松弛、中国采取非正当手段窃取美国技术的结果。

第二，认为只要美国加固同中国之间的技术围墙，中国的科技进步就将停滞下来或者大幅延缓，因此美国采取严厉管制措施刻不容缓。

第三，认为阻止中国科技进步、而非通过自我改革加强自身竞争力是保持美国优势的关键。

美国这是用封闭法来固守既有优势的存量，而不愿意正视世界是蓬勃发展的，美国唯有让自己走得更快，才能保持运动中的优势。静态的优势是不存在的。

美国主张与中国技术隔绝的精英们应当整理一下思路。想想看，中国的"两弹一星"是从外界买来的吗？中国改革开放以来的技术进步最快，但中国从外部购买技术是不是比普通国家难多了？不仅美国对中国实行技术出口管制，而且一直要求它的盟国也这样做。

中国的技术进步总体上是中国高速发展的孪生兄弟，它的内生动力是决定性的，不管通过外部引进还是独立研制，它们都注定发生。

技术发展也需要市场的支持。美国的技术成果在中国市场大放异彩，也从中国市场获得了研制新一代技术、保持持续技术领先所需的资金。与一个潜在的世界最大消费市场隔绝，等于将美国技术的应用市场砍掉一大块。

阻止投资和技术出口，甚至连科技领域的学术交流和留学生都考虑限制，这实在是 21 世纪的奇葩策略。这大致相当于堵住湖泊的入水口和出水口，在它的上面铺一层塑料膜以防湖水的蒸发。

实际上这么多年了，中国没从美国买到什么很先进的技术，芯片、航空发动机等关键技术，美国一直把得牢牢的。美国对技术出口管制得最严，也对自己的技术被中国"盗窃"的怀疑和指责最多。必须说，这种心态很不好，如此神经兮兮是国际贸易的大敌。

美国需要重新评估早已改变了的世界，看清发达国家与新兴国家千帆竞发的新现实，华盛顿的精英们要摆脱种族及文化傲慢，切不可低估其他国家发展技术的能力。他们应当知道封闭并不有利于守住美国的技术优势，美国必须投身到 21 世纪全新的竞争中，建立起别人跑起来时我比你跑得更快的本事，使自己无法被超越。

中国的市场已经足够大，在美国加强技术出口管制的情况下，中国市场必将进一步投入到支持本国技术进步的大潮中去，催生更多本国的科技成果。封闭本身就不是 21 世纪的逻辑，稍微看得远点就会相信，封闭决不会给美国的科技优势加分。

（《环球时报》2018 年 6 月 26 日）

美国的印太投资不会撞沉"一带一路"

社　评

　　美国国务卿蓬佩奥 7 月 30 日宣布，美国将在印太地区投资 1.13 亿美元，聚焦于新科技、能源和基础设施项目。他称，这笔资金将仅是印太地区新的和平与繁荣时代承诺的"定金"。他还说："当我们说印太开放，意味着想让所有国家享受海空开放通道"，"美国没有、也绝不会寻求控制印太"。

　　蓬佩奥是在美国商会主办的第一次印太商业论坛上做此番演讲的，他的话被西方媒体普遍解读为"指向中国"。由于蓬佩奥同一天还在接受媒体采访时表示，国际货币基金组织给巴基斯坦任何潜在的资金救助都不应该用来偿还中国贷款，因而激发了华盛顿在出招抵制中国"一带一路"倡议的更多联想。

　　尽管华盛顿可能的确存在给"一带一路"搅局的意图，但是美国 1.13 亿美元的这条小舢板与"一带一路"建设大驳轮迎头撞上的可能性还是很小的。因为印太太大了，而且很多美国和西方精英搞错了"一带一路"的性质，以为这个倡议是个用来发起地缘政治挑战的周密谋略，所以它也是应当被挑战的。

　　印太地区基础设施落后，有多少发展计划对它来说都是不够的，不同发展计划之间本不应该是排他性竞争关系。中国"一带一路"倡议是高度开放的发展规划，它本质上就不是竞争性的，而是为合作搭建平台，别人要来与"一带一路"竞争，那么要竞争什么呢？

美国不会是想要造一支价值 1.13 亿美元的长矛，像堂吉诃德一样去刺"一带一路"这个风车吧？

"一带一路"沿线国家很多都不够发达，在全球化发展浪潮中相对落伍了。中国的基础设施建设能力和制造业能力很契合它们当前的需要，中国的资金和这些能力一起进入那些地区，形成了大型国际建设合作的探索。

最重要的是，中国没有在这个过程中干涉任何国家内政的企图，也没有搞自己的势力范围，参与"一带一路"建设只是那些国家对外合作的选择之一。美国和一些西方国家究竟紧张什么呢？

根本原因大概是西方国家的政治思维里有很深的帝国烙印，它们对时代的认识也与新兴国家不一样。西方在政治、军事上仍由美国主导，这种由一个老大在一个势力范围里说了算的模式深刻影响了西方世界对非西方大国行为的研判。

在西方世界以外，各大国彼此独立，上合组织、金砖国家都明显比北大西洋公约组织和七国集团要平等得多。新兴大国崛起的出发点是发展平等互利合作，而不是蚕食与征服。"一带一路"的初衷就不是对外远征，而是谋求平等基础上的共同繁荣。

所以我们欢迎美国向印太地区投入资金，如果美国能够促进这个地区的发展，对推动"一带一路"建设未必不是好事，就像一条街上，商店多了能够带来更旺的人气。如果中国倡议的"一带一路"能够把亚洲建设带火，这对亚洲和中国都是好事情。

中国人的心胸看来比美国人的大。对于"一带一路"建设当中出现的一些具体问题，我们也不觉得奇怪。"一带一路"是一种合作思维，也是面向未来的探索。有国际合作和全球化在，"一带一路"注定不断发扬光大，这与一些力量出于自私搞一些小动作、说一些风凉话都没有关系。

（《环球时报》2018 年 8 月 1 日）

中美会战略性对抗并影响一代人吗

　　美国挑起贸易战以来，中美关系会不会长期下行，甚至发生战略性恶化，进而影响一代年轻人的命运，这样的担心在中国全社会逐渐扩散开来。中美关系好不到哪去，但也坏不到哪去，这曾是中国人的长期认识，但现在的事情似乎在真的发生改变。

　　对于中美关系像要"山雨欲来"的原因，各种看法不一而足。它们有些是客观分析，有些本身带着意识形态的情绪。对国内某些政策的不满与对中美关系恶化的恐惧复杂地交织在一起，导致了一些悲观和唉声叹气，这些声音与冲动的要从此与美国"对着干"的另一种声音在互联网上此起彼伏。

　　我们认为，中美关系的确面临重大挑战，贸易战实际上是在两国力量格局和国际大形势都发生变化之后重新定义中美关系的过程。但是中美走向全面对抗的可能性极低。美国存在遏制中国崛起的战略愿望，同时存在美国民众在每一个时期利益最大化的现实追求，美国的国际政策注定是这两个倾向共同塑造的结果。

　　鉴于中国已是第一制造业大国，拥有最大的市场潜力，而且是核大国，美国决不可能以简单的隔绝方式、甚至军事威逼方式遏制中国，它的遏制战略也必须是适合 21 世纪的"创新方式"。

　　在这种情况下，中国一定要稳住阵脚，保持定力，既不盲目自信，也不能恐美。我们应理性地做到以下几点：

第一，在战略上保持谦虚和守势，任何情况下都不主动挑衅美国，也不主动向美国示强。

第二，在遭到美国挤压时，必须坚决抵制，决不纵容美方无理做法。同时要让我们的抵制不超出对等反击的范围，不搞过度抵制。

第三，尽最大努力避免中美发生军事冲突。这需要做到两点。一是中国军队不在我们的核心利益区之外开展美国反对的军事行动，二是要在核心利益区内坚决捍卫我方划出的红线，同时加快发展包括强大核力量在内的战略力量，使得美国不敢在中国核心利益区内对我摊牌。

第四，在非中国核心利益上多与美国开展合作，不挑头与美对抗，以多边方式针对美国的霸道行为开展斗争。

第五，在经济安排上，尊重知识产权，处理好中国产业升级与美国希望保持高科技优势之间的关系，认真寻找双赢的模式，不让这个难题爆炸，让时间给双方解决它的智慧。

第六，认真探讨崛起的中国不取代美国或压倒美国、两国打破零和博弈的现实方式。美国必须接受中国作为人口大国经济总量最终超过它的趋势，中国则应接受美国继续是国际第一创新中心、在很多方面长期走在中国前面的可能性。处理这一关系应是中美战略对话的核心议题。

第七，中国断不可与美国搞全球性地缘政治博弈和战略竞争，但我们会与它的霸权主义做法就事论事地斗争，毫不犹豫地维护中国的利益。

第八，中国决不放弃自己正常发展的权利，我们任何情况下都不会以停止进步、自甘落后来向美国求和。

　　总之，中国不主动挑衅美国，同时必须提升美国因遏制中国所要付出的成本，并且以最大诚意寻找双赢模式。这样的话，对美国来说，与中国合作的吸引力就会大于与中国对抗的吸引力，中美关系就有可能避免成为美苏关系在 21 世纪的翻版。

　　中美贸易战是必然发生的冲突，它会给双方都带来反思。鉴于科学决策与民主决策已在世界范围内占了上风，用整个国家的命运做赌注的铤而走险很难成为大国的现实政策。中国公众要对我们的国家实力有信心，对政府驾驭复杂局面的能力有信心。我们要坚信，中国已经迈过了可以被遏制的临界点，任何力量想击垮我们都是痴心妄想。

（《环球时报》2018 年 8 月 1 日）

基辛格撺掇特朗普"联俄抗中"了吗

社 评

西方媒体和中国互联网上近日都在谈论一种猜测：特朗普与普京的赫尔辛基会晤是基辛格建议并推动的。这次会晤还引起了人们对去年 6 月基辛格赴莫斯科会见普京旧闻的回顾，分析认为，那是基辛格帮助特朗普去做克里姆林宫的工作。这些说法指向了一个更大胆的猜测：基辛格在指导特朗普"联俄抗中"。

美国《野兽日报》不久前援引匿名知情人士的话，做出了最为详尽相关报道。渐渐地，舆论界谈论基辛格建议"联俄抗中"的声音多了起来，基辛格本人和美国政府都没有就此进行回应。

我们倾向于认为，美国媒体的报道"无风不起浪"。如果说基辛格真帮特朗普做了涉及俄罗斯的战略规划，也不值得大惊小怪。

基辛格是现实主义国际政治学者，也是坚定的美国爱国者，他当年推动尼克松政府"联中抗苏"是为了维护美国国家利益，今天他如果反过来推动特朗普政府"联俄抗中"，也是为了美国利益，这当中的思想逻辑和行为逻辑都是一以贯之的。

问题在于，"联俄抗中"搞得起来吗？即使美俄关系真的得以一定程度上改善，美方给这一行动起个奢侈的"联俄抗中"名号，它与当年的"联中抗苏"能是一个内涵甚至战略上等价吗？相信基辛格的水平不至于像美国媒体的小编一样粗糙，临到 90 多岁了，再开一个

"国际政治标题党"的先河。

基辛格很可能鼓励了特朗普缓和同俄罗斯的关系，避免美国"两线作战"。但这同"联俄抗中"仍有很大距离。首先，美俄"联"起来很难，双方有乌克兰、叙利亚等多个死结，俄罗斯绝不会让，美国要让就会失去欧洲的信任。接下来是，对中国"抗"起来更难，俄中早已解决边界问题，是全面战略协作伙伴关系，让俄罗斯用对抗中国来换取同美国缓和关系，做如此亏本的战略买卖，克里姆林宫没那么傻。

21世纪的世界早已不是冷战时代，意识形态界限总的来说在淡化，没有一个大国会真正沉迷于价值观外交和阵营外交。欧盟是美国现成的盟友，美国搞"联欧抗中"似乎最容易，但它搞得起来吗？容克与特朗普达成妥协，但这种妥协质量低得像是件伪劣衬衫，刚回到欧洲过了一回水，就让各种争议搞得面目全非了。

还有，美国很适合搞"联印抗中"，中印有边界纠纷，"印太战略"一拍即合。但印度总理莫迪今年来中国两次，印度表现出在获得西方好处的同时与中国发展稳定合作关系的"战略滑头"，它至今没有给美国在战略上当枪使的意思。

与欧洲和印度比起来，俄罗斯同美国和西方的关系可谓最历尽沧桑。俄是有充分外交经验的大国，除非它自己与中国发生激烈利益冲突，它绝不会用把中俄全面战略协作伙伴关系变成对抗关系这么高的代价当作改善与美关系的"投名状"。如果基辛格与特朗普都认为这是一笔对俄罗斯来说的"好买卖"，那么华盛顿的自恋真是不可救药了。

最重要的是，冷战时期的那种大三角关系现在已经不可能重现了。那个时候国家的关系营垒分明，如今的各国关系则要复杂得多，包括美国要跟中国竞争，也需要采取与美苏对抗不同的方式。联某抗某这种思维方式已经过时。

不过上述传闻还是提醒了我们，中国今后稳定同俄罗斯及所有其他重要国家的关系是多么重要，美国的政治精英们在觊觎它们。同时中国人也该想一想，日本是美国在东亚最重要的盟友，中国是否应该在缓和同日本关系方面祭出更多的举措呢？换句话说，中国在削弱美日同盟对付中国的锋芒方面是否有作为的空间呢？

美国已经将中国列为战略竞争对手，中国不应与它搞针锋相对的战略迎战，但是瓦解华盛顿针对中国构建统一战线的战略环境，却是应该大力去做的。把中国的朋友搞得多多的，与每一个朋友尽量结成利益甚至命运共同体，把算大账置于算小账之前，这些都是中国应当尽力而为的。

（《环球时报》2018 年 8 月 2 日）

反对盲目自信，同时切不可散布恐美

单仁平

时局认识以及中国自我的国情认识一直是一个根本性问题，而不让这些认识偏离客观实际，尤其是不让这种偏离导致严重政治后果，有时会成为重大挑战。今天，问题集中在对于中国是否有能力对抗美国全面贸易战的分析和判断上。

准确评估中美实力差距以及这种差距的国际政治含义是不容易的。当中美关系呈现出战略性紧张苗头时，则容易出现两种思想倾向，一种是过度自信，一种是恐美的不安。

清华大学教授胡鞍钢 2017 年 4 月在一次演讲中宣称中国的经济实力、科技实力、综合国力已经完成对美国的超越，断言到 2016 年它们分别是美国的 1.15 倍、1.31 倍和 1.36 倍。这一演讲 1 月之后开始在互联网上发酵，对他的猛烈抨击和嘲笑一直持续到今天，胡鞍钢为此付出沉重声誉代价。舆论场对胡的批判反映出，过度的实力自信在中国没有市场，中国社会对这样的傲慢有很高警惕。

现在还有一种观点认为，美国对华开展贸易战等遏制行动，是中国对本国成就高调宣传导致的。这种认识贸易战的原因显然过于简单，但它同样反映了中国社会对反思的偏好，对任何疑似自我高估的表现都持反对态度。

但是在另一个方向上，对于中美差距的描述和对危机感的宣扬，无论它们有多夸张，舆论场也容易给予宽容。互联网上流传着各种各样的"盛世危言"，其中不少都受到追捧。

最新的一例是经济学家高善文表达对中美关系恶化的严重担忧，其中有一个意思说，如果中美关系全面恶化，那么30岁以下年轻人的这一辈子就可以洗洗睡了。高事后表示他没有说这句话，但不管这句话是不是别人安给他的，它能火起来，很说明问题。

当中国面对美国和西方时，社会思潮中的不自信实为更加普遍。这个倾向同时受到西方价值观在中国社会传播的支持，常常会被舆论场当成一种政治正确性来推崇。它一旦围绕某一具体事件形成发作，舆论场内在的扳正力往往很弱。比如，宣扬中国在对美贸易战中"必输"的人，他们会觉得自己自带了"理性"的光环。

换句话说，过度自信在中国社会中有天花板，因此它走不远。但是不自信却可能面临无底洞，一旦被激活会出现自由落体般的下坠。

在当前情况下，中国没有主动与美开展贸易战的意愿，我们在进行战略上的被迫应战。对贸易战发生的原因，社会上存在多元认识，它们作为不同方向的反思都值得归纳总结。但是迎击美国的打压需要全社会的团结与信心，这个时候不自信甚至恐美就有可能直接负面影响中美贸易战的战况。

膜拜西方和恐美在中国有着自近代以来长期的历史根源，它们在一些较有社会影响和话语权较重的人群中尤其显得突出，进而会在一些重要节点上对整个社会产生影响。可以预期，恐美情绪不仅会在中美贸易战全过程中不时出现，它还会伴随中国更长时间，这个病中国只能在不断发展壮大中慢慢自愈。

一些影响力大的知识分子应当审时度势，在警惕中国社会傲慢自大的同时，也应为帮助这个国家克服恐美症、鼓舞抵制美国霸权主义的斗争做出贡献。随着美国对华施压不断变本加厉，后者应逐渐成为中国舆论动员的主方向。

中国必须对外开放，但开放的过程少不了对霸权主义的斗争。一个爱国的人，无论他推崇什么样的价值观，都不应客观上做中国社会团结起来抵制霸权主义的瓦解者。

（作者是环球时报评论员；《环球时报》2018 年 8 月 3 日）

美国防授权法，中国的惧与不惧

社　评

　　美国总统特朗普 13 日签署了 2019 财年的《国防授权法案》最终版，该法案为新财年批准了 7170 亿美元的国防预算，它在上一财年增长 13% 的基础上再增加 2.3%，成为美国史上最大的一笔军费。

　　这一法案的矛头被普遍认为指向了俄罗斯和中国，其中针对中国的内容相当多，涉及台海、南海局势，颇具进攻性，甚至还管到了中国对美投资和孔子学院的事情。美国国防部的权力因这个法案大大扩充了，它恐怕是当今世界权力最大的国防部之一了。大国中历史上大概只有日本的军部有过这么大权力，从这个意义上说，美国开始像一个"军国主义国家"了。

　　特朗普总统的目的据称在于"重建美国无可匹敌的实力"，应当说，这个目的实现得既顺利又彻底。即使在美国军费陡升之前，世界上也没有一支军队敢主动挑战美国，现在就更不用说了。

　　比如中国，我们很相信美国军队的厉害，中国军队决不会像当年日本人袭击珍珠港一样主动攻打美国的军事基地，挑起对美战争，中国社会也不会允许中国军队这样做，因为我们知道中国不是美国的对手，用军事手段讨伐美国，这在任何情况下都不能成为我们的选项。

　　我们相信，俄罗斯社会大概有同样的认识，其他被美国认为是"威胁"的国家也都会有这份清醒。

有鉴于此，美国的国家安全可谓固若金汤，美国人应该有绝对的安全感了，并且知足。如果说一些美国精英仍然觉得美国"不够安全"，那么只能说，他们对安全的贪婪不可救药。他们要的那种"安全"在这个世界上根本就不存在，他们在奢望连神都无法奢望的东西。

总之，特朗普对美国的军事强大又做了新的夯实，美国军事现代化程度和军力总规模都一骑绝尘，令全世界无法望其项背。美国完全做到了在这个世界上没有敌手。

不过，当华盛顿将矛头指向中国时，就是另一回事了。这时候它追求的已经不是美国的国家安全，而是要破坏中国的国家安全了。如果美国实施国防授权法的战略目标之一是要遏制中国发展，那么它就需要在精神上彻底征服中国，那样一来，7170亿美元的预算又显然太小了，根本不够用。

国防授权法提出要加强美台军事合作，这是什么意思？其合作的对象台湾当局在推动"隐性台独"，华盛顿是要支持台湾一些力量将这个岛屿从中国分裂出去吗？如果美方有这个意思，我们敢肯定，美方大大低估了他们做此勾当的费钱程度，台湾这块中国领土没他们想象的那么便宜。

中国军队从没有想过主动去遥远的海洋和陆地寻美国军队开战，整个中国社会热爱和平。但是如果美国人以为军费更多了，就胆子大到来中国家门口捣乱，那我们对捍卫中国核心利益，逼美国力量后退，还是很有决心，也很有把握做到的。

中国的军费比美国少多了，但它被用于维护中国核心利益，是充裕的。如果发现它不够，中国有能力随时提升它。美国的军费占GDP4%，中国只占1.3%，中国的这一比例展示了我们热爱和平的诚意，但它也预留了中国继续提增军费的空间。

在 21 世纪用军事手段压服中国，这是连神都不该有的野心。华盛顿在做什么激进决定之前，请揣度一下，它是否比神更有力量。

（《环球时报》2018 年 8 月 15 日）

担心谷歌"投降中国"，心思用歪了

社　评

据美媒报道，十几个西方人权组织星期二联名致信谷歌，要求它取消为中国开发审查版搜索引擎的计划。信中称，"谷歌在人权上的投降，令人担忧"，会导致谷歌"直接参与人权侵犯或在这个问题上难脱干系"。此前，据称有上千名谷歌公司员工也联名致信，做了类似抗议。但美国 IT 从业人员社交平台 Blind 的匿名调查显示，来自谷歌的员工中有 65% 支持谷歌那样做。

谷歌"重返中国"的消息，隔段时间就会传起来。8 月初，美国一家网站爆料，谷歌计划专为中国推出"审查版"搜索引擎。这在美国引起相当大的波澜。"审查"在西方语境下是个很刺眼的词汇。谷歌因为这个传闻遭到数轮讨伐。

事实上，中国和谷歌公司都没有说谷歌将"重返中国"。现在多是一些捕风捉影的消息。但在过去的两年里，谷歌公司的确数次表达了想"重返中国"的意愿，也不排除它在为此做一些筹划。中国这样的庞大市场对任何跨国科技公司来说都有着强大吸引力，这种吸引力的背后是永恒的商业逻辑。

对谷歌"重返中国"传闻的敏感，以及对传闻中"审查版"的反应如此激烈，暴露了某些西方人士扭曲的心态。他们想将西方的价值观置于中国法律之上，让中国法律屈从于西方意识形态，这是中国决不可能接受的。

谷歌无论在哪个国家做生意，都要遵守驻在国的法律法规，接受依法管理。谷歌在欧洲正面临有史以来数额最大的一次反垄断罚款（43 亿欧元）。今年 5 月，欧盟"史上最严"的《一般数据保护条例》生效，对包括谷歌在内互联网企业的管理越来越严。谷歌在欧洲不能搞特殊化，在中国同样不能。

一些西方人仍对中国互联网管理有成见。实际上，由于互联网发端于西方，它从诞生起就自带了一些西方体制的元素，当它进入中国时，注定要有一定程度的"中国化"，以适应中国社会的运转。中国法律必然要保护国家的正常秩序，西方互联网公司在中国开展业务，不能冲撞中国的基本体制，很多与中国打交道多的西方人渐渐理解了这一点，但也有一些人仍带着傲慢，拒绝实事求是。

谷歌是商业公司，它 2010 年冲动地撤出中国市场时，明显被意识形态的情绪左右了，而背离了商业公司应当尽量远离政治的原则。一些西方精英主张美国的大互联网公司应充当改造中国、甚至动员年轻一代"扳倒中国"的先锋，他们向那些公司施加压力，要它们或者不去中国市场，去了就要跟中国的互联网管理对着干。

那些精英编造了向中国"磕头""投降"等罪名，形成强大舆论压力，等于是在一定程度上断了那些大公司通往中国的道路。

一转眼，谷歌离开中国已经 8 年多。中国互联网的发展没有因谷歌的离开而中断，甚至明显的冲击都没有。中国社会几乎感受不到谷歌离开的影响。过去这 8 年，恰恰是中国互联网最欣欣向荣的时期。中国欢迎世界任何科技企业来中国发展，但中国已经不会对某一个特定企业产生依赖。

坦率地说，谷歌当初走不走，今天回不回，对谷歌来说比对中国重要得多。谷歌仍在选择，这也是美国社会如何对待与他们存在差异的社会的选择。中国已经是世界最大的互联网市场，这个市场始终是开放的，但它与世界各市场主体之间必须有相互尊重、平等互利的原则来连接。

（《环球时报》2018 年 8 月 30 日）

白皮书显示中国的坦荡、坚定与理性

社　评

中国昨天发布了《关于中美经贸摩擦的事实与中方立场》白皮书。《白皮书》3万多字，内容极其丰富，列出了中美贸易的各种事实，回应了人们关心的几乎所有问题。《白皮书》秉持实事求是、以理服人的原则，显示了中国政府和中国社会面对来自美方前所未有经贸压力时的从容。

中美贸易真的是中国单方获益、美方严重受损的关系吗？中美除了货物贸易，不断增长的服务贸易在双方经贸关系中处在什么地位？谈论中美的公平贸易时能不能脱离世贸组织的互惠互利原则？为什么不应违背契约精神指责中国进行强制技术转让？中国在保护知识产权方面又做了哪些努力并取得了什么成效？等等，这些广受关注的问题都在《白皮书》中得到正面阐述。

《白皮书》具体指出了美国从歧视他国产品到滥用"国家安全审查"阻碍中国企业在美正常投资活动等贸易保护主义行为，批评了美国政府的贸易霸凌主义做法，如根据美国内法单方面挑起贸易摩擦，片面指责他国实施产业政策，以国内法"长臂管辖"制裁他国等等。《白皮书》同时论述了美国政府的不当做法势必对全球经济发展将造成的危害。

《白皮书》全面论述了中国的立场，强调了中国坚定维护国家尊严和核心利益，对于贸易战我们不愿打、不怕打、必要时不得不打。同时强调中国谈判的大门一直敞开，但谈判必须以相互尊重、相互平等和言而有信、言行一致为前提。

《白皮书》重申了中国坚定推进中美经贸关系健康发展的态度，就外部世界关心的保护产权和知识产权、外商在华合法权益等问题再次做出坚定承诺。《白皮书》阐明了中国深化改革、扩大开放的决心，并且以中国坚定推动构建"人类命运共同体"的相关论述作为了整个《白皮书》的结尾。

美方一直在利用其掌控的强大媒体资源，宣扬美国受到中国不公平的贸易对待，仿佛华盛顿在进行一场道义上正当、规则上合理的"拨乱反正"，以此带动美方终将打赢这场贸易战的预期。昨天发布的《白皮书》通过大量事实向世人展示了中美贸易的真实面貌，纠正了各种错误印象和想象。它告诉了人们美国对华贸易战的非理性，以及为何美方的做法行不通。

外界对中方的态度一直存在各种猜测。有的分析认为，中方可能会"服软"，为结束贸易战不惜做美国要求的绝大部分让步。还有分析认为，中方可能无限度地对美开展报复，甚至全面打击美国在华投资，毁掉美国及西方国家在华企业的营商环境，在对外开放方面形成大倒退。《白皮书》的回答是，这两种情况都不会出现。

中国是讲原则的国家，原则必会转化成面对强大压力时的战略定力。我们知道无原则的妥协意味着未来更加糟糕的处境，同时也很清楚改革开放是中国发展之本，为打贸易战把在开放上的倒退作为"重磅炮弹"，这是非理性的自暴自弃。正因为这样，中国的态度从贸易战一开始直到今天表现得超级稳定，既不怯懦也不激进，而是坚定按照原则和既定方针来。

在中美贸易摩擦升级的约半年时间里，中方的语言表态一贯很克制，对美方打压的反制则在不过度的大前提下进行得十分坚决。时间长了，经历多个回合之后，想必美方对中国的态度越来越清楚了。我们相信，今天仍认为华盛顿的贸易大棒能将中国击垮的人在美国那边越来越少了。

星期一出版的《白皮书》对与中美贸易摩擦相关的方方面面情况做了系统梳理，我们希望这将有助于美国社会及整个国际社会准确了解围绕中美贸易的事实，更加熟悉中国立场的内在逻辑。我们还希望中国公众也通过这个《白皮书》了解事态的来龙去脉，更加清楚中国对策的稳健。

我们想说，不管中美贸易冲突将持续多久，中方在做我们应该做的。天道酬勤，也酬正，中国因为做得堂堂正正，而且我们是有力量的贸易大国，没有人能够击垮我们。

（《环球时报》2018 年 9 月 25 日）

美一些人休想像搞苏联那样对付中国

社 评

美国副总统彭斯 4 日在华盛顿智库哈德逊研究所发表全面指责中国的演说后，中国内外都有很多人在把这一演说与丘吉尔 1946 年"铁幕演说"进行对比，认为它有可能成为"中美新冷战"开始的标志。

如果中国以战斗性姿态回应美国近一个时期对中国的各项挑衅，并对彭斯的演说进行美对华发出"冷战檄文"的定性，与美开展战略对冲，那么"新冷战"就有可能真的拉开帷幕，逐渐坐实。

不对美强硬回击，难道要忍气吞声，在华盛顿压力面前不断退让吗？当然同样不行。

中国必须坚决维护自己从贸易到国防的合法权益，在遭到美国挑衅时毫不迟疑地发起反制。同时我们要就事论事，不从我方推动中美摩擦的升级，不烘托中美战略对抗的氛围，不让中美博弈成为中国对外关系的主导面，更不让它来决定中国国内的治理方向。

在华盛顿对华散发着敌意的各种报告和讲话频出之际，我们既要重视这当中的每一个动向，同时又要跳出它们，站到更高处看眼前这个不断躁动的美国，不受它冲动情绪的牵制，确保我们在认识美国这一影响中国发展的最大外力时保持理性。

第一，美国决不像彭斯所说的对中国那么好，而中国又是那么对不起它。自中国近代以来，美国在中国国家命运中所扮演的角色是复杂的，尽管中美对历史的认识都会"以我为主"，但事实是，自鸦片战争到中华人民共和国成立之前，中国的命运十分悲惨。在成为世界第一大力量的过程中，美国没有对改变中国命运发挥彭斯所渲染的那种重大作用。

第二，从尼克松打开中美关系大门直到中国改革开放，中美第一次在平等基础上建立起全新的关系。虽然双方这期间不断有各种龃龉和摩擦，但是总体上看，美国在中国的发展中扮演了建设性角色。反过来看，中国对美国的发展和安全也起了积极作用。中美和解增加了美国在冷战后期的对苏优势，中美合作巩固了美国在全球化时代的国际领导力。

第三，中美迄今的摩擦和博弈是人类历史上所谓"守成大国"与"崛起大国"之间相对最温和的，双方在过去这些年里总体上对战略互疑及经济、安全摩擦实现了算得上平稳的管控。事实上中美这样的大国只要不朝着军事对抗的方向走，两国的各种争吵和摩擦都是可以管控的。

第四，美国对华发泄情绪容易，实际遏制中国的杠杆却很有限。贸易战必然反过来造成它的自伤，是很笨的办法。它建立针对中国的北约那样的安全组织完全不现实，面对只是到世界上做生意且国内市场快速扩大的中国，美国几乎无法建立孤立、遏制北京的盟友群。

除非中国在战略上跟美国全面对着干，否则白宫和国会是很难对美国全社会开展真正的反华动员的。这早已不是公众愿意为了所谓"国家利益"主动出击进行充满风险的远征的时代了，只要中国面对美国一些政治精英的疯狂保持冷静，晾他们，所谓"新冷战"就成形不了，他们的这番鼓噪早晚会成泄气的皮球。

美国怒气冲冲，中国这时要跟它打太极。这不是畏惧、退缩，而是中华民族特有的战略智慧。贸易战一定要让美国感到痛，南海、台海也决不能让美方恣意妄为。但我们要平心静气地做这一切，让美方知道，它每次乱来都会付出代价，而中国又是始终朝它敞开友好合作大门的国家。中国将继续扩大开放，这不会因为外部环境变得恶劣而改变。

如果中国能够这样做，假以时日一定会产生战略效果。中国很独特，我们不是苏联，谁也休想用对付苏联的那一套对付我们。

（《环球时报》2018 年 10 月 8 日）

中美两国终将走向"第3选择"

社 评

在彭斯副总统发表了全面指责中国的"檄文式"演说几天后，蓬佩奥国务卿 8 日访问中国。中美最高级别外交官进行了冷淡的会晤和直言不讳的立场表达，但双方同时保持了礼貌和克制，说话都留有余地，表达了继续合作的愿望。其实仔细看，彭斯的演说也没有把话说绝，给缓和中美关系预留了"门缝"。

想必美国作为一个整体也不想与中国对抗，或许有少数政治精英希望那样，以巩固他们的既得利益，但美国社会未必希望跟着疯狂。中美全面对抗的代价太大了，大到足以让已经习惯享受全球化好处的中美两国社会都无法承受。

华盛顿希望以近乎美方"完胜"，中方"投降"的方式结束这一轮冲突，从而一劳永逸地确定美国作为全球唯一超级力量的格局。他们很担心中方企图取代美国地位逐渐成为这个世界新的主导力量。

中国当然不会出让自己国家的经济主权，那意味着中国将失去未来，成为美国的一个附庸。美国咄咄逼人的攻势也将前所未有地增加中国社会的警惕性，使我们对来自美方的任何动向都更加敏感。

那么中美就将一步步随波逐流地滑向对抗吗？短时间内不好说，但从长期看，这绝不会成为中美关系的总态势。

因为这的确将是一个中美两伤的过程，是两国社会都不愿意看到的结局。对两国长远战略态势的描述会在一定程度上吸引人，但为了预期的几十年之后的国家利益而让当代人没事找事地付出巨大牺牲，这在今天的中美社会都缺少说服力。

中美贸易战在中国这种更容易统一认识的社会里尚遭到一些抱怨，可想而知在美国实行政党轮替的社会里，为长期主动发起中美对抗，开展全社会的动员是多么难以做到。

无论中美愿不愿意，都将被全球化浪潮和两国的各自利益推向类似美国作家史蒂芬·柯维所指的"第3选择"。柯维是管理学大师，他提出用"第3选择"解决极端的两难困境实现双赢。

美国当然希望出现它的单赢局面，在世界范围内赢者通吃。无奈历史的经验告诉人们，追求单赢的代价往往很高，充满了风险。而中国有着一些美国谋求单赢不可逾越的指标，它们包括支持中国进行抵抗的现有实力，帮助中国坚持下去的巨大潜力，以及中国作为核大国的战略威慑力。

中国要谋求压倒美国的单赢更加不现实。中国虽然在经济总量上有望超过美国，但是美国的经济质量，它对全球科技的引领力，还有它与其他国家结盟抗衡中国的能力，都将是很长时间里中方所不及的。

探索"第3选择"必将成为中美之间的唯一选择。这种选择或许不会成为一个公约，也未必就会被某个联合声明正式确认，但它会是两国磕磕碰碰中自觉不自觉的走向，会在大历史中得到逐渐清晰的辨识。

今天的美国政府采用施压手段争取美方的更多利益，美方很多人或许认同，但前提是不把美国真的引向痛苦的对外战略对撞。如果华盛顿真的号召美国人民一起为了明天"决一死战"，走向一场可能彻底失控的全面对外冲突，绝大多数美国人一定会要求政府"换一种办法"。

　　中国更容易接受"第3选择"，这不是因为我们怯懦，而是中华悠久文明对现代中国的战略智慧馈赠。中国人早就看透了这个国家的崛起注定不能是我们秋风扫落叶般的单赢过程，那样的话，世界一定会联合起来反对我们。我们真诚提出双赢和多赢的主张，致力于构建人类命运共同体，中国会因此多一份战略上的主动。

　　我们不需要美国跟上中国人的思路，希望华盛顿的精英们认真读一读美国人自己写的《第3选择》。

（《环球时报》2018 年 10 月 10 日）

中国崛起后，将挤占多少美国的空间？

单仁平

中美从一开始显然都低估了对方的决心，中国有点低估了特朗普"什么都敢干"的狠劲，白宫则低估了中国抗打击的承受力。现在看来，这两个国家一旦形成意志，都很强悍，都不会轻易退让。

现在中美形成严重程度自上世纪 70 年代以来前所未有的战略互疑。美方深信，中国下决心挑战美国，经过一些年的努力，从经济总量到科技实力全面超越美国，最终成为统治世界的新霸主。中方则越来越相信，美国的战略目的是要遏制中国的发展，甚至要搞垮中国。不难看出，双方的冲突涉及了中美未来国家力量对比这一根本问题。

跳出两国的具体争论和摩擦，展望一下未来，30 年、50 年以后中美力量的格局会是什么样呢？甚至我们可以设想一下 21 世纪末的情形，至于更远的事情，实在不是当代人应该伤脑筋的了。

中国有一个 2025 计划，我们还提出到 2050 年时建成社会主义现代化强国。建设强盛的国家，这是中国人一个多世纪以来的梦想。在大多数中国人的愿望中，现代化强国首先应当是不再被欺负的，而且不再受制于人，科学技术也应该是先进的。但它应该先进到什么程度，中国从没有过量化的指标规划。在中国社会甚至没有人做过一般性的预测。

我们也无法预言中国几十年以后会先进到什么程度，但我们根据对中国基层社会的广泛了解和认识，更容易预测中国做不到什么，通过一些"负面清单"看中国未来几十年现代化的轮廓。

首先，我们认为，中国的 GDP 总量将会成为世界第一，但是人均 GDP 直到本世纪末很难跻身世界前列，50 年内如果能够达到美国等主要发达国家的一半，就是不错的。原因是中国人口太多了，资源等因素会到一定时候形成人均 GDP 增长的瓶颈。

第二，中国的科技创新能力以及流行文化的创作能力，在未来几十年肯定会有长足进展，流行文化的区域影响力尤其将恢复到与国家地位相称的水平。但是放眼全世界，中国的这些能力要赶上美国将有巨大难度，在制造业中美欧日各领风骚的情况下，美国很可能保持这两个重要领域的全球优势地位。

关于这一点我们要多说一些。科技创新能力和流行文化的创作都需要想象力的充分释放，而这不是中国传统文化的强项。中国人需要承认，我们从孩童时代起，直到终老，都被鼓励把国家利益、集体主义放在个人利益之上，这形成了中国社会的某种长处，中华文明的源远流长且从未中断，大概与此有关。然而得失往往是平衡的，对各种创意产业至关重要的个性化的东西在中国受到的鼓励就没有在美国社会受到的鼓励多。中国也因此很难轻易成为当代世界最大的创意中心，引领全球的科技发展和消费时尚。

除了想象力的问题，科技产业创新需要社会现代化水平的支持，而中国现代化全元素的普及程度太低，我们因此还会有相当长的时间难以成为新兴科技产业的超级孵化地。流行文化的创作需要社会的极大包容，多元化是必不可少的，而中国社会里敏感的领域太多，从官方到企业再到个人，对多元文化的接受程度都低于西方社会，因此我们与美国开展流行文化的竞争，是用我们的弱项搏它的强项，属于逆风船。

举个华为的例子，它堪称是中国最成功的新型高科技公司，它5G技术的某些研发也走在了世界前列。但是请注意，华为还不是从0到1的真正意义上的高科技领军者，它的作为是在美国推动的科技创新大潮的惯性中实现的，是在那种惯性中的相对独立的再发力。整个互联网通信技术的模式是美国启动、构建的，智能手机的概念和形式是苹果创出来的，华为作为一家中国公司做到了最棒，而且拥有了不低于美国某一单家公司的竞争力，但它囿于中国目前的基础环境，还很难创造全新的技术及产业形态。

再来看看日本。它的现代化已经与美国处在大体同一水平上，但它不是世界科技和流行文化的引领者，它在美国主导的大框架下实现了一些具体领域的深耕，大体跟上了美国的创新节奏，有一些零星的、但未成体系的创造。它的流行文化符号的号召力很难说赶上了法国、英国。

总的来看，中国过去是靠人民勤劳、政府组织力强、超级人口规模导致的市场潜力巨大而不断崛起。现在，中国的科技进步正在为了与经济发展相匹配而补具体的短板，但离形成科技创新的体系性能力还有极其漫长的路要走。

第三，来说说国防。随着中国经济和科技实力的发展，中国的军事实力亦将提升，但是中国很难建设美国那样的全球军事基地网络了。中国一般性建设南沙岛礁遭到这么大的阻力，在海外的商业港口建设亦遭到种种阻挠，可想而知如果中国在海外建立真正意义的大型军事基地，将会带来什么样的震动。而在缺少军事盟友和海外基地的情况下，中国的军事力量注定是战略防御型的，无法与美国开展全球军事竞争。

根据以上粗略的分析，我们认为，中美未来将是各有千秋的两个大国。中国的经济规模将越来越大，成为全球最大的大宗商品和高科技产品的消费市场。美国仍将是全球创意中心和引领性新兴产业的最大发祥地，它也将继续是流行文化产品的最大出口国。在政治和军事上，美国与其他西方国家有着中国取代不了的纽带，它的结盟能力亦非中国可比，这将弥补它因中国崛起而损失的部分安全感。

整个 21 世纪，大概出现不了中国的实力全面压倒美国的格局。中国的规模性实力会越来越强，GDP 最终将大于美国，但那些规模性实力很多是重复性的，并不都能转化成为国家竞争力。而美国在世界科技创新和文化创新中的领导角色将长期难以取代。对此中美双方都需有清醒的认识。

中美两国都是伟大的国家，它们理应成为人类社会前进的双引擎，彼此从既竞争又合作中不断获益，而不是因为双方是世界的两强就注定打得头破血流，让两国人民蒙受本不应经历的苦难。这是理性，但它很难仅仅通过几次对话就"谈"出来，而有可能需要一些"不打不成交"的经历和经验。但我们相信，这样的理性终将成为穿越中美关系复杂事态的主线。

（作者是环球时报评论员；《环球时报》2018 年 10 月 13 日）

中美冷战？别用这样的笑话当威胁

社 评

美国副总统彭斯日前接受《华盛顿邮报》采访时公开向中国发出"冷战"威胁。他表示，只有在中国明确理解美国的立场，中方愿意彻底改变自身行为的情况下，才能避免与美国爆发冷战。他还称，美方要求中国做出让步的领域并非仅是贸易问题，还包括政治、军事等。

在上周中美外交安全对话中，美方明确表示不寻求与中国进行冷战，而彭斯却发出了另一个声音。多数分析认为，彭斯这样说一方面代表了美国部分精英中的激进想法，一方面也是想用这个姿态在习特会前夕向中方施压。美方围绕中美关系的重大事项常常会出现多个声音，这是美国外交的一种方式。

然而中方显然不会被"冷战"的讹诈吓住。因为第一，我们肯定不会与美国冷战，在我们看来，在 21 世纪的第一和第二大经济体之间谈冷战，就是个笑话。第二，彭斯要打冷战，先要与华尔街打，与美国在中国拥有巨大市场的顶级公司打，与美国全国的消费者打。《华盛顿邮报》应当问美国政府是否打得起。

还有第三、第四、第五、第六呢。比如，冷战需要形成两大阵营，华盛顿需要问一问它认为的印太战略积极成员，哪一个愿意与中国冷战？中国几乎是所有那些国家的第一大贸易伙伴。

再比如，美国在南海秀一秀支持东盟国家的姿态，那些国家会欢迎，但那是有度的。美国如果号召东盟国家与中国"脱钩"，同中国为敌，将自己变成美国对华冷战的前哨，彭斯副总统正好这两天与东盟国家领导人在一起，他应该问一问，他们谁愿意？

冷战是全面的体系性敌对，各种交流停止，两国真的脱钩，双方为战胜对方不惜承受上述所有代价，而且形成阵营对抗。中国肯定不希望这样，中国的社会结构相对简单，对外表态实诚，但我们确信美国社会同样不希望冷战，只不过美国的体制更容易形成"被代表"的情形，真假难辨。

我们不相信好莱坞的电影愿意退出中国市场，不相信美国的大学愿意几十万中国留学生带着他们的好学精神和学费统统走人。我们更不相信麦当劳、肯德基愿意退出中国市场，通用等美国制造商愿意把它们在中国的销售量拱手让给德国和日本的同行。

不仅我们不信，又会有谁相信日韩澳等国愿意美国在它们的国土上部署瞄准中国的导弹，然后中国的导弹也反过来瞄准它们？另外看一看巴黎一战终战百年纪念活动之后美法领导人的激烈摩擦吧，这是西方国家可以联合起来与中国"脱钩"的时代吗？美国更需担心一旦它与中国脱钩了，其他西方国家会乘虚而入吧？

冷战意味着巨大成本，美国不仅要少挣钱，而且要多花很多钱，其中包括为了笼络中国周边国家而发起大规模的援助。美国还有那么多钱吗？华盛顿现在可是与自己的盟友都锱铢必较，总想倒过来从那些国家捞一把。带着这样的态度，如何打冷战？

中国有与人为善的政治及文化传统，当与外界发生矛盾时，我们首先想到的是通过磋商化解纠纷。己所不欲勿施于人，这样的生活哲学也在中国外交中有着深刻烙印。所以举目四望，中国在这个世界上没有一个真正的敌人。美国是中国最大贸易伙伴，是中国改革开放的首要对象，它当然更不会是我们的敌人。

　　我们更愿意善意地认为，彭斯副总统威胁中国时使用"冷战"的字眼，是话赶话说出来的，是被华邮记者套出来的，以及它是美国谈判文化及策略的一部分。我们是不会对此太当真的，对此很当真的人，不妨仔细读一读我们上面说的话。

（《环球时报》2018 年 11 月 16 日）

艰难使命，寻找中美利益最大公约数

社　评

白宫首席经济顾问库德洛星期二表示，美国总统特朗普认为他在本周六晚与中国国家主席习近平共进晚餐时达成协议的可能性很大，并对此持开放态度。库德洛同时提出中美达成协议"必须满足的某些条件"。库德洛还再次指出如果中美没有取得突破，美方将上调中国输美产品关税。

美国舆论对库德洛的讲话做出不同分析，CNN、"美国之音"等从中读出了中美实现突破的积极信号，《华尔街日报》等则关注了库德洛提出的条件和威胁。

其实，从特朗普本人开始，美方近来一直发出多重信息，一方面乐观预测中美元首会晤的前景，一方面强调中国需要做得更多，向北京施压。

G20 期间的习特会吸引了全球目光，其关注度看来要压倒 G20 峰会本身了。习特会的结果尚难预料，但在这个时候厘清中美各种争议的态势，或许更有助于理解这次峰会。

美国在对华问题上现在究竟有哪些诉求，如何理解它们的性质呢？

首先，美方希望缩小对华贸易逆差，多向中国卖货。接下来，美方希望中美贸易方式有助于保持美国的技术领先优势。再进一步，部分华盛顿精英希望形成更多"规则"，束缚住中国崛起，确保美国长期是这个世界的第一大综合力量。

中国能做什么呢？我们能做的就是进一步深化改革，扩大对外开放。中国的这一决心已经下定，从党中央到普通民众，都相信全面深化改革开放是中国解决各种问题、实现持续发展的唯一道路。来自美国的压力意味着，我们将这一决心付诸实施的节奏多了一个外部催促者，中国需要有更强的平衡能力。

中美需要将美国的利益和诉求与中国的改革开放决心和现实行动力进行沟通、磨合，寻求两个国家利益的最大公约数。美国的很多诉求处在中国接下来改革开放的大框架下，双方摩擦有可能在一定程度上扩大中国的这一框架，但不可能颠覆中国的框架，由美国给中国另外植入一个改革开放的框架。

我们相信，中美寻求两个国家利益最大公约数的过程意味着非常艰难的磨合，中间的摩擦、斗争、相互威胁都难以避免，但最终磨合成功是高概率事件。因为无论对中国还是对美国而言，交往并且磨合所意味的好处比起全面对抗的好处都是压倒性的。少数美国精英所幻想的"中美脱钩"是乌托邦，那相当于一个20岁的健康市井青年宣誓禁欲主义对自己的长期折磨。

美国增加中美贸易平衡的诉求是合理的，希望两国贸易方式更有利于保持它的技术优势，这一诉求也部分合理，但是中美贸易和其他交流方式与美国是否能够长期保持世界第一大力量之间没有联系。如果美方认为它的国家命运首先取决于它能否成功地遏制中国成长，这个想法是危险的。华盛顿若将这一思维融入到它的对华政策决心中，那么中美关系势必经历比现在还要大的动荡和曲折。

中国有继续发展、成长的权利，同时中国作为第二大经济体，我们的继续壮大的确牵动全球力量格局的变迁，中国接下来要在一个各方都能接受的体系中发展，实现各方都能最大认同的机会公平。中国的发展本身不能指向某种零和目标和效应，它必须成为历史上从未有过的、由一个大国崛起所带动的共赢。

在中美关系众说纷纭时，我们期待中美元首会晤能为两国关系校正指向两国国家利益最大公约数的准星，那样的话，无论接下来还有多少曲折，中美关系都不至于迷航。

（《环球时报》2018 年 11 月 29 日）

驳"中国渗透论"，同时努力消蚀它

社　评

　　美国斯坦福大学胡佛研究所星期四发布有 30 多名中国问题学者参与撰写的报告，题为"中国影响和美国利益：提高建设性警惕"。从报告题目就不难看出，它对中美关系做了消极总结和描述。的确，它主谈中国对美的"渗透"。

　　据美国媒体报道，参与撰写该报告的学者很多一直是美中接触的主要倡导者，对中国怀有"深厚感情"。报道援引一名撰写者的话称：报告涉及整整一代中国问题专家的"幻灭"，而他们的希望破灭意味着围绕中美关系发展轨道的争论将发生转变。

　　报告指责中国日益努力破坏民主价值，包括美国和世界各地的言论自由权，"野心巨大"。报告举的例子都是反复说过的，即所谓中国影响美国大学、媒体、智库的民主程序，比如中国在美国增加了国有媒体的英文节目；收编曾经为华裔美国人服务的独立中文报纸和数字出版物；试图塑造美国智库的议程；向美国校园的中国留学生施加影响，等等。

　　美媒同时报道，报告撰写者之一、前副助理国务卿谢淑丽表示，虽然她不反对报告搜集的例子，但是认为报告夸大了中国影响力在美国的威胁，她担心在美国政治历史上的特定时刻，这种夸大可能引发过激反应，让美国与苏联的冷战情形重现，并令所有华裔人士受到怀疑。

我们认为，报告所描述的中国对美渗透，与中国的主观意愿完全对不上号。这两年在西方兴起的"中国渗透论"很令中国社会意外，大大超越了中国与西方加强文化交流的实际目的。

可以肯定的是，中国从上到下没有改变美国和西方国家政治制度和生活方式的野心，也不认为我们具有这样的能力。中国政府希望对美国和西方社会产生某种影响的唯一目的是减少西方社会对中国的误解，让中国与他们的友好合作更顺利一些，避免节外生枝。

我们认为，这份报告再次显示，美国社会对中国的整体心态出现变化，简单说就是美方的自信心因中国崛起而出现了消蚀，他们看中美之间同一件事的感受与从前比大不一样了，这是美方不安的最大原因。

面对美国人的心理变化，我们同时不认为中方需要开展一场大的论战，指责美方的"小心眼"。美国人的心理变化已经现实发生，而中国有在不损害我方利益情况下进行相关调整的一定空间。北京不妨在对美文化交流中开展这样的一些调整，作为表达我方善意的姿态，同时加强双方沟通。如能基本消除"中国渗透论"，有可能成为中美和中西关系实现改善的突破口。

中美都需认识到，只要两国有大规模交流，相互影响就不可避免。其实中国对美影响的前锋是中国产品。那些产品物美价廉，其背后的中国文化和价值元素支持了它们在美国社会的竞争力，也使西方社会感受到多重压力。

而随着西方产品、公司组织形式越来越多地进入中国，对中方的影响更是不言而喻的。中国只要西方产品和企业，完全拒绝它们背后价值观的"渗透"，也不太可能做到。

　　中国扩大对外开放是一个巨大、艰难的课题,它是中西社会越来越全面的互动过程。中国一要坚持对外开放的战略善意,二要不断增加开放过程中面对各种冲击的承受力。这种承受力是中国对外开放条件下战略定力的核心要素之一。另外,中国开放的结果需要形成国际社会多数成员认同的"共赢"。那样的话,无论在中国国内还是在国际上,中国对外开放的可持续性都能在政治上得到更多保障。

　　中美需相向而行,它的应有涵义很可能比中美社会目前对它的认识都要宽泛。双方存在很深隔阂的领域还是挺多的,而消融那些隔阂,双方都需不断做出努力。

(《环球时报》2018 年 11 月 30 日)

加拿大粗暴对待孟晚舟严重侵犯人权

社　评

　　加拿大不列颠哥伦比亚省高等法院当地时间星期五举行华为高管孟晚舟保释听证会，在未作出裁决的情况下宣布休庭，星期一继续开庭。

　　据外媒援引法庭记者的报道说，孟晚舟在法庭上身穿绿色上衣，未戴手铐，她似乎受到了人道的对待。然而这些不过是假象。

　　据《环球时报》通过知情人士了解，孟晚舟自 12 月 1 日被拘留，一直受到粗暴且有辱人格的对待。加警方将她在机场扣留带到拘留所的路上，就给她戴了手铐，当晚按照程序带她去医院及回拘留所的路上也给她戴了手铐，而带她从拘留所到法庭，以及庭审结束后去矫正中心途中，不仅给她戴了手铐，还对她上了脚镣。

　　在未经审判定罪的情况下，给孟晚舟女士戴上适用于重刑犯人的刑具，直接将她作为重刑犯人对待，是对其基本人权的践踏和对其人格的侮辱。

　　据我们了解，孟晚舟今年 5 月份做过去除甲状腺的手术，且有高血压，需要每天按时服药。然而加拿大的拘留所没有给予她目前身体状况所需的照顾。

　　加拿大方面接受美方的指使断然扣押孟晚舟，已经震惊了中国社会，也冲击了全球经济界。全球股市在消息公布的当天下挫，分析普遍认为这是孟晚舟被扣押引起的，足见美加这一举动传递给了全球一个很负面的信息。

现在加警方以如此不人道的方式对待孟晚舟女士，未加审判定罪就对她手铐脚镣加身，尤其令高度关心此事的中国公众难以置信。加拿大不是一个讲法制、重人权的国家吗？他们怎么会干出这种像是只有野蛮国家才会有的行径呢？

无论如何加拿大都做过分了。用中国人的话说，这叫为虎作伥。孟晚舟没有违反加拿大法律，即使美方指控她违反了美国国内法，但美方的指控证据是否充足，它们是否成立，都是不确定的。

加检方指控孟晚舟"涉嫌欺诈"，称她曾在一家后来表面上与华为脱钩的子公司中做过董事，而那家公司违反美国对伊朗制裁规定向伊朗出售了一些电脑设备，华为还向多家银行隐瞒了它与这家子公司的关系。事实是否如加检方所说，存在巨大争议。退一万步说，即使那些所谓证据在美方可以得到认定，这样的情况属于什么性质也有很大的司法辩论空间。

迄今为止，围绕外国公司行为违反美国对伊制裁禁令的情况，绝大部分都是以罚款、制裁等方式加以处理的。受到美方制裁的全球公司不是一家两家，欧洲许多公司也都沾上过。欧盟现在依然鼓励欧洲公司不要撤出伊朗，难道那些公司的高管在加拿大旅行、转机的时候都应该被抓起来投入拘留所，并且被戴上手铐脚镣吗？

孟晚舟只在美国所指违反禁令名为"Skycom"的香港公司中当过董事，为什么美方要求加拿大专门抓了她，而那家公司的其他人没有成为目标？加拿大方面难道不该动动自己的脑子想一想吗？

加拿大是一个独立主权国家，虽然加美关系比较特殊，但它在对待孟晚舟女士的事情上应当是中立的，而不应唯美国马首是瞻。它在对美方进行司法协助的同时，应当尊重法律的基本精神，坚决拒绝美方对华为及华为创始人任正非的长期偏见对本案可能造成的影响。

加拿大如果以不公正对待孟晚舟女士的方式表达其对美国的效忠，不符合加拿大的国家利益。加若把孟引渡到美国，而且连保释都不允许，它所能获得的美方好感将是有限的。但渥太华这样做，是中国社会绝对接受不了的。很多中国公众会因此给加记一笔重账，大家一定会要求中国政府严厉制裁加拿大。中加关系面临严重倒退的风险，这也是对加拿大公众利益的侵害。

我们希望加方认真、妥善地处理这件事，人道对待孟晚舟女士，允许她保释，进而让事情快速朝着彻底恢复孟晚舟自由的方向发展。中国社会一直很尊重加拿大，我们期待，加方处理此事的方式最终能够证明，它的确就是中国人抱以良好印象的那个样子。

（《环球时报》2018 年 12 月 10 日）

中美怎么走，看谁更"奋斗"

丁　刚

中国人民大学重阳金融研究院最近发布《特朗普内阁财富与政治政策走向》的报告。报告分析认为，从内阁成员的财富规模看，特朗普的首批内阁成员的资产远超以往任何一届。显然，财富背后的资本力量与这届美国政府的决策有非常紧密的联系。这个分析有助于我们认识为什么特朗普政府会将中国视为主要"战略竞争对手"。

特朗普内阁上台正值美国历史上贫富差距最严重的时期之一。美联储去年 9 月的报告表明，处于财富金字塔最顶端 1% 的美国家庭所拥有的财富占全国 39%，较 2013 年增加了 2.7 个百分点。按常理，人们会期望美国政府采取更有助于公平分配的政策。但特朗普内阁显然更重视效益，更强调竞争，甚至以夸大中国的实力变化来激励自身。这与特朗普团队的财富观和美国资本积累过程中始终发挥着重要作用的传统价值观相关。

资本的力量往往崇尚以竞争求强盛，而提倡个人努力奋斗的竞争意识是美国成为全球最强国家的要素之一，是盎格鲁—撒克逊新教传统中的精髓。这也常常被用来解释美国社会整体上比欧洲更能承受贫富差距加大的原因。

特朗普团队重视竞争与美国社会中保守力量呼唤重归传统是一致的。我在最近的美国之行中了解到，将选票投给特朗普的中产人士大多认为，美国实力下降是因为在过去一段时间过于偏重公平，而改变现状就要促使那些依赖福利救济的人去努力工作。

当然，现今美国社会是分裂的，并非所有人都支持竞争优先。特朗普政府提升美国竞争力的努力，必然会受到贫富差距加大引发问题的牵制。但特朗普不会因国内问题而改变其竞争优先的战略，尤其是对中国的政策考虑。因为实现"美国优先"必须要预设一个竞争对手，而中国又是一个足以让美国人确信的强有力竞争者。

未来中国将面对一个更强调竞争的美国。美国的政策转变会促使更多发达国家转而重视与中国的竞争。这场竞争是全面的，涉及国家治理、金融管理、财力运用、外交政策和人才争夺等诸多领域。

考验还在于，中国是在亟须完善分配体制的时期面临与美国的激烈竞争。效益优先还是公平优先，工资是涨还是不涨，税收是增加还是减少……都必须考虑到竞争因素。在全球化的今天，外部的竞争压力是内部政策调整必须考虑的因素。

世界上任何体制都不可能达到公平与效益的绝对平衡，追求平衡始终是一个与时俱进的政策调整过程。全球化大背景下的竞争，既要考虑贫富和收入的差距，又不能过于伤及竞争力，这需要高超的执政力与治理艺术。

中美文化传统中都有强调勤劳奋斗的因素，中美的大国之路也都是靠奋斗精神铺就的。未来中美会面临怎样才能继续坚持或重新焕发奋斗精神的挑战，这将取决于两国80后、90后乃至之后几代人对各自核心价值观的坚守。

（作者是人民日报高级记者；《环球时报》2018年1月9日）

伟大复兴不以赶超美国为目标

王义桅

对标美国来衡量中国的发展成就和综合国力，这在我们的学界和社会上都很流行。虽然在哪些方面或什么时候"超美"的问题上争议很大，但很少有人质疑赶超美国目标本身。而问题恰恰就在这里：中国综合国力超越了美国怎么样，没超越又怎样？我们为什么总把"赶超美国"作为目标呢？

现在一提到"赶英超美"，人们往往想到的是"大跃进"时的教训。改革开放以来，中国再没明确提出过赶英超美这样的计划，现在提出的"两个一百年"目标和"两步走"战略，着眼的也是实现现代化和中华民族伟大复兴，它们都不是"赶英超美"那样的量化指标。中国追求现代化的历程不能陷入超美情结不能自拔，如果任何现代化都只能以西方最高标准来衡量，那不仅将是中国现代化的悲哀，也是人类现代化的悲哀。从人口规模上看，中国是"十亿级"的现代化，并且正走出一条新型现代化之路。我们正在给人类现代化留下自己的定义，为什么还要用"亿级"的美国现代化作为衡量标准呢？更何况，这个亿级的美国现代化还是资本主义的现代化。

更可笑的是，有人甚至用马克思一个半世纪前描绘的社会主义或古巴模式、北欧模式，来衡量和质疑中国是不是社会主义国家。现在的中国已是社会主义国家最成功的实践，很大程度上，我们也在定义着社会主义。马克思当年提出社会主义的时候，他也没有见过社会主义，不知道它到底是何样貌。今天的中国仍然处在社会主义初级阶段，但这个初级阶段跟上世纪 80 年代的初级阶段比起来已有很大变化。随着新时代的蓝图进一步铺开，我们的社会主义事业还会迎来更高水平发展。

美国盯着世界，而我们盯着美国；美国从后天看明天，而我们从昨天看明天。整天对标美国，不是中国该有的心理和做法。中国何时才能走出我们的近代情结和美国情结，何时才能更新我们处理中外关系或国际关系时的思维呢？

今天的中国面临三重分化：分化的世界、分化的西方、分化的国家政治。这需要我们有新的思维。中国外交思维要更注重领域逻辑而不是大国逻辑，眼光要能兼顾国家间政治和领域政治，比如在互联互通领域，新加坡、巴拿马是关键小国；在金融领域，是城市而非国家在起连接点作用。我们要从结构性权力、体系性权力来看国家竞争力，而不是一直在过去的大国竞争量化指标中打转。经济总量、综合国力这些概念依然重要，但它们根子上毕竟是一战后总体战、冷战思维产物，在如今和平与发展时代不能再成为国家间比拼的唯一指标。国家竞争的主题、基调在变，不是谁撂倒谁、超越谁，而是要看谁能解决人类面临的共同难题。"一带一路"倡议、人类命运共同体等理念，表明我们已经开始建立新型全球化标准，树立新的全球治理观。

新生产力、新生产关系竞争才是 21 世纪的主题。正如打败尼康相机的不是索尼而是智能手机，打败康师傅的不是统一方便面而是网店。中美不存在什么"修昔底德陷阱"，中国要警惕的是思维陷阱。中国由大到强的实质，是从应用到创新、从追赶到引领的方向转变。世界有三大"原力"——美国代表的创新力、中国代表的应用力、欧洲代表的思想力。中国的国际战略应是与美国合作创新，与欧洲合作创造思想，实现弯道超车、变道超车。比如数字领域中美"G2"超欧日，可持续发展领域中欧"G2"超美国。注意，这里的"超"是"超越"，而非"赶超"。

相应地，中国外交战略要从"大棋局"向"大时局"转变：理顺时间逻辑而非空间博弈，成为我们面临的挑战。比如，印度是中国空间上的竞争者，但却是时间上的伙伴。中印相处的逻辑是以时间规避空间，实现命运与共。而中日关系则相反，要设法走出时间逻辑——从甲午、抗战思维中解放出来，着眼于空间布局，争取日本。

老子教导我们："以身观身、以家观家、以乡观乡、以邦观邦、以天下观天下。"中国的发展有其自身逻辑，也正生成新的思维，我们既不把眼光滞留在中国过去的成就上，更不以美国等西方国家现在的成就为参照系。不以赶超美国为目标，意味着我们不是以美国为标准观天下，而是以天下观天下，在此基础上摒弃那些源于海权与陆权相争的博弈思维，转而树立陆海联通、四海一家的理念。这是我们确立话语权自信，树立新全球观的应有之义。

（作者是中国人民大学习近平新时代中国特色社会主义
思想研究院副院长；《环球时报》2018 年 1 月 26 日）

中国不可"降服"，这是美国真正心病

朱　锋

　　美国对华关系中指责、怨气乃至争执的氛围在加重。从去年底以来美国先后公布国家安全战略、国防战略和核态势评估等报告，到最近国会通过"台湾旅行法"；从特朗普政府提交措辞强硬的对华贸易大纲，到宣布提高钢铝关税；从美国频频有人呼吁驱赶孔子学院，扬言限制中国留学生的专业和就业选择，到"卡尔·文森"号巡航南海和访问越南……仿佛突然之间，中美关系对立、冲突和不确定性的一面有所凸出。在此"多事之春"，我们究竟应该如何审视和看待中美关系？

为何对立与冲突陡然加剧

　　中美关系走到今天，是 1972 年尼克松访华以来双边关系的"小气候"与国际政治的"大环境"相互作用的结果。在国际关系理论中，分析大国关系常常使用四种基本的分析范式：权力变更、国内政治变化、技术与武器的进步以及社会认同的再建构与社会化。

　　今天的中美关系，在这四种分析范式上都很容易得出"冲突难免"的结论。从中美之间的权力再分配看，中国不仅成为世界第二大经济体，在技术研发和创新领域也大步向前；从国内政治看，政治分裂加深美国治理困境，而中国则在政治核心的引领下沿着既定规划稳步前行；从技术和装备看，美国甚至担心中国在人工智能、近太空武器系统和高超音速导弹等研发领域赶超美国；从认同建构的角度看，美国民主基金会抛出的中国"锐实力"报告开始夸张地担心中国的国际影响力，警告"中国规则"会颠覆西方主导的秩序。

这是一个在中美关系史上找不到对应点的时代，也是一个1648年"威斯特伐利亚"时代后国际关系史上从来未曾见过的时代。如果只是单纯的权力变革，即美国人所谓的中国是一个"修正主义国家"，答案倒会简单得多，那就是同盟增强、国际体系再度"阵营化"，重回国际体系集团对抗的老路。但事实上，连大多数美国人都拒绝美中"新冷战"，原因不仅在于中国是世界上人口和体量最大的国家，更重要的是，已经广泛走向世界、怀有爱国热情的14亿中国人不是其他任何国家可以"降服"的，这是对华竞争中美国真正的"心病"。美国还有一种"中国心病"，就是因无法有效影响和改变中国而产生的巨大失落感。越来越多的美国学者指出，这么多年美国一直想通过对华接触"改变中国"的计划已经失败，中国变得更加强大而且"挑战"美国。当下中美关系充斥争议和竞争，说到底是美国的这些心病和焦虑惹的祸。

相信中美关系的生命力

中美关系同样也是当代世界最具生命力的关系。从19世纪漂洋过海来到中国的美国传教士到二战期间的反法西斯同盟，从尼克松访华实现"巨人握手"到上世纪80年代后中美经贸关系高速增长，从今天中美对世界稳定与繁荣肩负的重大责任到人类未来的"智能化世界"，两国的联系扯不断、理还乱。中美关系难以成为一战前的英德关系，也不会成为二战前的美日或二战后的苏美关系。除了对手不同，更重要的原因在于全球化带来的仍在不断深化的国家间相互依赖，信息化造就的中美之间广泛的社会认知，以及世界政治中人性化价值的普及带来的进步主义历史潮流。

当然，今天中美关系中潜在的危险因素不能低估。当前对中美关系最大的挑战不是东海和南海，不是"印太战略"，不是贸易摩擦，而是两国社会和民众间的对抗情绪、相互杯弓蛇影般的"威胁论"以及两国政治和社会精英未能对双边矛盾和冲突予以及时管控。特朗普政府、美国国会以及美国的智库、高校、研究机构尤需注意，不要给美国社会注入排斥性甚至仇恨性的情绪。一旦美国出现"新麦卡锡主义"，势必会在中国引起连锁反应。中国曾是美国狭隘、自私的民粹主义的受害者，1882年美国加州的"排华法案"就是例证。这惨痛的一页对今天的中美关系仍具警示意义。

中美间的争议和竞争并不可怕，因为对手不必然意味着是敌人，竞争者也可以是同行者。中美关系的处理需要双方共同展现出坚定的战略意志和战略眼光。美国依然是唯一超级大国，1945年到现在在"老大"这把交椅上时间坐久了，难免"恋栈"。中国崛起主要集中在改革开放后的40年，对于美国的"中国焦虑"，我们除了正视和面对，更需主动作为。管控中美关系，不只在于我们不做什么，还在于我们能做什么。今年2月以来，国务委员杨洁篪和中央财经领导小组办公室主任、中美全面经济对话中方牵头人刘鹤先后访美，保持两国高层密切沟通。其中展现出来的稳定和管控中美关系的决心，是让中美关系在曲折中前行的根本保障。

在同美国的互动和碰撞中壮大

当前中美关系中争议甚至冲突的多样性，基本根源在于美国国内而非国际。美国军方需把中国树立为重要战略对手，以保证军费和武器装备；特朗普要把贸易赤字视为最大的"不公平"来源，实现美国经济民族主义目标；美国的智库和媒体精英要把中国说成"威胁"，才能获得资源和地位。中国同样需要防止简单化甚至片面化的认识影响甚至主导对中美关系的处理和应对。

回顾改革开放 40 年，中国就是在同自己、同世界、包括同美国的互动与碰撞中发展和壮大起来的。中美关系的历史性意义之一，就是对中国既是压力又是动力，推动我们不断变革、更好地融入世界、更积极地在世界舞台展现朝气和进取心。从强调"和平与发展"取代"战争与革命"、从中国入世到高举全球化旗帜，从熟悉 WTO 规则到发展全球治理，处理好中美关系对中国发展与开放的意义，远超美国对中国的制衡与限制。未来，我们需要让中美关系再度成为中国成长、美国他律和世界繁荣的催化剂。

（作者是南京大学国际关系研究院院长、南海研究协同创新中心执行主任；《环球时报》2018 年 3 月 8 日）

"美国重建中国"？美国人自己都不信

张文宗

美国副总统彭斯不久前在哈德逊研究所演讲时，将中国描绘成一个辜负了美国期许的国家，他在演讲中显露出满腹委屈的"救世主"心态，同时摆出一副要对华全面用强的姿态。彭斯任印第安纳州州长期间，曾身体力行推动该州与中国的经贸关系，了解中美经济关系互利双赢的本质。在中美贸易摩擦升温的背景下，彭斯附和美国总统特朗普关于美国在过去25年里"重建了中国"的说法。不管彭斯本人或其他美国官员信不信这套说辞，这一夸张性的表述都让人匪夷所思。

"重建"通常和战争之后的经济快速复兴联系在一起。如果说美国内战后的重建靠的是美国人自己，第二次世界大战后欧洲和日本的经济重建离不开美国的帮助，大体还是符合历史事实的。近十多年里，美国在南亚、中东和北非先后发动和参与了几场战争，但至今也没能帮助被战火和动荡蹂躏过的阿富汗、伊拉克和利比亚完成战后重建，甚至已经公开放弃重建的目标。美国尚没能力"重建"只有几千万人口的国家，何况十几亿人口的中国，"重建中国"说可谓大言不惭、自作多情。

要说美国在经济上没帮助过中国，当然不厚道。中美建交以来，尤其冷战结束后，美国逐步将中国纳入其主导的国际经贸和金融体系，美国的资本、技术和市场对中国的发展和人民生活改善起了很大作用。在中国发展的关键性节点上，中美关系稳定和发展的意义同样不容否认。中国的改革开放与中美关系的正常化相得益彰，加入世贸组织推动了中国市场经济的发展。绝大多数中国人认可这些，并希望能继续和美国做生意，对中美关系的发展也很关心。

但中国经济的腾飞和民众生活水平的提高，归根结底是中国人民辛勤劳动的结果。"中国制造"的声誉、中国现代化的基础设施、中国跃升为世界第二大经济体和第一大贸易国，首先靠的是亿万"打工仔""打工妹"、农民、企业家、工程师和科学家等各行业劳动者的奋斗与拼搏。美国跨国公司对中国的发展有所贡献，但要说"美国重建了中国"，恐怕高盛、通用电气、惠普、可口可乐、沃尔玛等这些公司不认可，美国商会不认可，就连欧洲、日本、台湾、香港、东南亚的投资者都会苦笑，中国私营企业的老板们和国企老总更会直摇头。

美国以商业立国，现代商业高度发达，商业精神和商战经验世界闻名。中美经贸往来若非互利双赢，怎能持续几十年？美国企业在中国经商利润丰厚，美国对华出口为美国工人、农民和工程师创造了大量就业。中国的对美出口，给美国民众提供了价廉物美的商品，压低了美国的通胀。当然，不同经济部门从国际贸易中的收益是不一样的。对美国"铁锈带"重工业衰落和工人收入停滞，美国领导人念兹在兹，但自动化导致"机器取代人"、工会强大削弱企业竞争力是经济学常识。退一步讲，美国一直声称自己是个注重竞争、不怕竞争的国家，在全球化浪潮下，如果没有更高的工作技能，高工资的工人本来就竞争不过低工资的工人。国家要做的是鼓励和推动产业转型与科技进步，政府和企业也需要给工人提供技能培训，社会安全网则可以发挥兜底的作用。对一些特定的行业可以给予贸易保护，但大规模的保护"保护的一定是落后"，既损害其他产业和群体的利益，削弱企业和国家经济竞争力，也难以长远。

美国"铁锈带"有问题、白人蓝领有不满，这些是事实，美国领导人看到了，全世界也注意到了。但把这些问题都归咎于建制派，归咎于外部世界，归咎于中国，其实是偷懒的做法。在中期选举临近的背景下，如果因选举需要进一步诉诸短期行为和极端做法，在宣传上以偏概全、渲染悲情，方式上转移矛盾、制造危机，非但解决不了问题，还可能激起美国国内和外部世界更强烈的反弹，加剧自身的困境。

美国一些精英认为"中国占了美国便宜"，这种看法根深蒂固。美国政府给中国贴上的"掠夺性贸易""国家资本主义"等标签同样错得离谱。中国批驳那些谬论，但期待说服对方"改邪归正"并不容易。毕竟，偏执、夸张已经成为本届美国政府的风格。但中国还是要在摆事实和讲道理上下点功夫，目的是让支持中美经济往来、支持中美关系健康发展的大多数美国人有信心，也让国际社会看清对错，不被一些蛊惑性的宣传蒙蔽。

美国经济虽然蕴含风险，但总体形势不错。美国总统特朗普一边夸耀其"历史性政绩"，一边却把美国的工业和基础设施描绘得一团漆黑。如果非要讲"重建"，中国本来也是有意帮助美国政府"重建美国"的。中国曾表示不管美国是否加入"一带一路"，都愿参与美国的基础设施建设。中国还承诺扩大从美国的进口、加大对美国的投资，以使中美经贸关系更平衡，使更多美国人享受到中美经贸合作的好处。但美国政府把中国视为对手，提出的谈判要价让中国无法接受，宁可让自己的选民受损失也要压制中国。美国如此铁了心要和中国过不去，能让中国怎么办呢。

（作者是中国现代国际关系研究院美国所美国政治室主任；《环球时报》2018 年 10 月 15 日）

中企"走出去"为何让有些人不爽

白　明

　　日前，美国副总统彭斯在哈德逊研究所就美国政府的中国政策问题发表演说。彭斯的发言内容涉及很广泛，但最根本的出发点在于将中国作为美国的战略靶心。其中，彭斯针对中国"走出去"战略的一通污名化表态不仅站不住脚，而且还起到"搅混水"的作用。

　　相对于包括美国在内的一些发达经济体，中国企业的对外投资起步比较晚。事实上，欧美国家的大企业基本都是在国际上有影响的跨国公司，但以往从来没有看到过美国对这些企业的跨国经营行为予以差评，可轮到中国就被横挑鼻子竖挑眼。迄今为止，美国对于中国企业"走出去"的指责主要体现为"债务外交论""掠夺资源论"和"窃取技术论"。

　　首先，从"债务外交论"来看，美方妄称中国用所谓的"债务外交"扩大其影响力。为此，彭斯找了些冠冕堂皇的理由，即中国为亚洲、非洲、欧洲甚至拉丁美洲的政府提供数千亿美元的基础设施贷款，并且说这些贷款的条款是"不透明的"，带来的利益压倒性地流向北京。果真如此吗？彭斯的"例子"指的是斯里兰卡借了巨额债务让中国国企建造商业价值存疑的港口。实际上，中国帮助斯里兰卡建设港口在很大程度上会改善当地的交通基础设施，不仅提高了斯里兰卡在国际航运业中的地位，而且也为斯里兰卡带来了许多就业机会，看看斯里兰卡国内的主流舆论就一目了然了。给中国"泼脏水"也是个技术活儿，而找这么个"例子"来支撑所谓的"债务外交论"至少说明功课没做足。

其次，从"掠夺资源论"来看，近年来中国企业的"走出去"在很多场合被包括美国在内的西方国家所诋毁，其中叫嚣"中国掠夺资源"的分贝最高。历史上到底是谁在掠夺他国资源，想必大家心知肚明。现阶段，中国实施"走出去"战略的出发点就是要在互利共赢基础上做大合作的蛋糕。在这样的心态下，中国企业在海外跨国经营一定比某些国家要好看得多，特别是中国正在推进"一带一路"建设，在很大程度上能够造福于沿线国家人民。

最后，从"窃取技术论"来看，随着中国从制造业大国向制造业强国迈进，近些年来有关中国窃取技术的说法开始流行起来，一些美国人认为中国企业在美投资也是为了窃取美国的技术。彭斯在哈德逊研究所的发言中，就有这样一段话涉及中国的对外投资，即他认为北京"协调和赞助收购美国公司以获得其创作的所有权"。是否如此，暂且先听别人怎么说。美国前财长萨默斯认为，中国技术上处于领先地位，不是"窃取"美国技术的结果，而是首先源于中国基础科学领域优秀的科学家和重视人才、关注科学的教育体系。

近些年来，美国经常抱怨中国为经济全球化做贡献不够。有意思的是，当下中国企业在积极"走出去"，推动全球经济发展的时候，美国却想要剥夺中国为经济全球化做贡献的资格。现在，对于挑起贸易战的美国来说，它看中国的一切都不顺眼。如果此时中国企业不"走出去"，某些美国人会不会又抛出个"中国吝啬论"呢？正所谓：欲加之罪，何患无辞。所以，随他们不爽去吧，我们的企业该"走出去"还要走，不要被那些别有用心的人打乱了步伐。

（作者是商务部研究院国际市场研究所副所长；
《环球时报》2018 年 10 月 22 日）

对中国经济转型，美应多份理解

[美] 斯蒂芬·罗奇（Stephen S.Roach）

2014 年，我论述中美经济相互依存关系的著作"失衡：美国和中国的相互依存"出版。4 年多过去，书中论点至今依然站得住脚。

上世纪 70 年代末，当时整体经济实力仍十分薄弱的中国开始走上改革开放之路，需要外部支持；而彼时的美国也陷入"滞胀"泥潭，渴望寻找新的增长方案，物美价廉的中国产品无疑是收入有限的美国消费者的一味良药。同时，美国也开始从中国盈余的国民储蓄库中自由借贷，这是美国解决经济问题的惯用便捷方案。出于纯粹的自救目的，这种双向经济依赖催生出一段看上去很幸福的联系。

中国首先发起变革，将经济增长主动力由依靠外需转向增强内需，由主要依靠出口和投资转向依靠消费、投资和出口协同拉动，以便实现经济再平衡和稳定增长。毫无疑问，这场变革的最后阶段是从储蓄盈余转向储蓄吸收。中国国内储蓄率在 2008 年达到 52.3% 的高峰，之后下降了约 7 个百分点。随着中国将长期着力于加强社会保障建设，鼓励中国家庭减少因焦虑而产生的预防性储蓄，未来几年储蓄率将进一步下降。

与此同时，数字化（即无现金）经济蓬勃发展以及电子商务的爆炸式增长，为中国新兴的中等收入群体提供了一个强大的消费平台。由依赖引进技术向本土创新的转变成为中国长期战略的核心，既是为了避免陷入中等收入陷阱，也是为确保实现"两个一百年"的奋斗目标。

然而，华盛顿难以微笑面对中国的储蓄率变化。由于政府去年不合时宜的减税政策，美国的储蓄不足状况持续恶化，只会更加依赖像中国这样有盈余储蓄的国家来填补空缺，而中国的变化缩小了美国的选择范围。

此外，虽然从多个角度来看，中国以鼓励消费拉动经济增长的新做法都没有问题，但中美对此存在认识分歧，美国认为中国对市场准入的限制使美国公司无法在这个潜在的财富市场获得公平。

无论根源在哪，中美互相依存关系的冲突一面已摆在眼前。中国正在尝试改变，而美国却没有。美国正处在一段陷入长期多边贸易赤字、需要自由汲取全球盈余储蓄以支持经济增长的时期。从相互依存的角度来看，美国政府认为自己被曾经"百依百顺"的合作伙伴所"蔑视"，并且可以预见，它准备以猛烈抨击作回应。

这就面临一个亟待解决的问题：中美贸易战是要握手言和还是以轰轰烈烈的分手收场？我认为，每个国家都需要专注于从内部重建自己的经济实力，而不是带着责备和不信任的情绪做出举动。这需要双方妥协——不仅在贸易层面，也包括接受对方的核心经济战略。

到目前为止，创新是最具争议性的话题，并有可能在相互依存的冲突阶段演变成一场"零和战争"：美国对中国"窃取知识产权"的指控被华盛顿描绘成一种对美国经济未来的"致命威胁"，这显然言过其实了。

事实上，创新是任何国家持续繁荣的命脉，没有必要将其描述为"零和战争"。中国需要由依赖技术引进转向自主创新，以避免中等收入陷阱——这是大多数发展中经济体的关键绊脚石。美国需要重新关注创新，以克服令人担忧的生产率放缓问题，避免引发腐蚀性停滞。

这可能是贸易摩擦的底线。中美都需要以创新驱动经济，以相互依存的方式实现各自的增长，将"零和冲突"转变为互相依赖的互利互惠关系。

（作者是耶鲁大学杰克逊全球事务研究所高级研究员，本文由冯国川翻译；《环球时报》2018 年 10 月 23 日）

更加客观理性地看待中美关系

沈丁立

一段时间以来，在保守气息日渐浓烈的氛围之下，美国朝野一些人对中国怨气颇深。他们对中美两国经贸间的"不平衡"满腹牢骚，对中国当前在处理各种内外事务上的做法与意图表现出猜忌和歪曲解读。这突出表现在对中国加快海外投资、构筑南海设施，以及处理反恐等问题的举措深为疑惑。我们也看到，近日美国方面释出消息，中美经济团队已着手恢复对话，努力缓解经贸紧张关系。那么我们该以什么样的心态，去力求全面、客观看待中美关系呢？

愿意读懂对方很重要

近期美方一些人似在凝聚一种思潮，试图对所谓中国采取"重商主义""债务外交""国家资本主义"，以及所谓违反国际法等问题做出抵制。这无非反映了几个问题：美方一些人，尤其是政府中参与政策制定的人，不太懂得中国；美方一些人的心态陷于焦虑，沉迷于霸权思考、失去管控双方关系的自信等。

这也提醒位于中美关系另一端的我们，不能犯上述同样的错。比如：在中美领导力转型期内，我们变得不那么懂得美国（甚至一些人是不太愿意懂得美国）、过于自信、不够体谅美国的关切。总之，我们在塑造美国接受中国崛起方面，不能放松努力。

确实，最近十年以来，中国国力迅速提升，科技进步大幅向前，生活条件改善，中国人民与政府日益感到自信，这些都有着不少事实依托。我国从过去举债引资，逐步走向为世行、亚开行融资做出卓越贡献，并分别在其中取得了第三位的投票权重。经过改革开放四十年发展的历练，人民币已进入国际货币基金组织一揽子储备货币体系之中，成为国际社会新晋的公认硬通货。

鉴于我国民众长期形成的储蓄传统，企业和百姓在小富之后往往防患于未然。因此，我们在初步小康之后还一度高储蓄。内需逐步成为经济增长的主要方式，大致还是这几年的事情。在有了一定的经济积蓄之后，我们目前正向扩大内需消费的方向转型，并通过加速进口来储备我国下一阶段发展的条件，同时满足人民群众对美好生活日益增长的期待。

中国大陆经济长期的快速、稳健发展，与全球化滚滚大潮密切相关。正是由于欧美技术与日韩资本乃至中国台湾的管理技术汇聚大陆，才有了各国各地区优质生产要素在中华大地上的空前融合。应该说，中国的成功就是世界合作的成功。必须看到，是中国党和政府四十年前决定走改革开放的新路使中国获得了一次新生。也必须承认，是各国各地区与我国大陆的改革开放大力合作，才有这些大变化。我们要看到合作共赢中自己不亏欠别人什么，我们也要感谢国际社会普遍与我们相向而行，在中国招商引资的时代向我们敞开了心扉。

总埋怨中国并不可取

另一方面，对于中国的成功，美国的心态理应感到宽慰和乐见。

"拯救世界"，不就是基督教新教的"普世"情怀吗？更何况中国的成功又给美国进步带来了发展：中国商品降低了美国的通胀，提高了美国民众的生活水平，对美国环保多有贡献；中国逐步增长并开放中的市场，也给美国出口与就业带来了愈益扩大的机会；包括中国超算和高铁在内的技术进步，倒逼美国在这些领域再度锐意进取。

但是，今天一些美国人对中国的进步醋意十足，他们没在审视自身不足上下功夫。无论美国的选举制度，还是初中等教育制度，如今都面临危机。对此，美国不少人自暴自弃不愿作为。作为国内政治制衡的美式分权制度本来很有特色，也曾在避免重大决策错误方面起过积极作用。但这种制度现在却常常成为党政工具，政治家们往往为了反对而反对。这造成其制度衰退、效率低下、社群分裂。

对自己曾经遥遥领先的国际竞争力相对下降，美国能够居安思危、未雨绸缪，倒是不错的品质。但是，一些美国人把自身竞争力的风光不再，一概归咎于他国搞猫腻、耍手段，未免看低了自己。应该说，中国当代高科技的发展基本是源于自主创新。我们确实希望如果条件允许就从美国进口，然而但凡涉及敏感与两用技术，美国都高挂"禁运牌"。这在阻碍中国科技进步的同时，也迫使中国独立自主、自力更生。今天中国上天入海，美国并没有教过我们几招，基本还是国人自主创新的突破，对此美国应该心知肚明。

保持客观理性的心态

在全球化时代，中国大力主张基于多边主义与制度化的自由贸易，反倒是美国退缩到单边、双边与少边的所谓"公平贸易"的小道上去了。但是，当人们在批评美国的同时，不要忘记美国的进口关税长期在大国中是最低的，因此在进口领域也是最"自由的"。对于美国的政策影响，我们需要认真研究。

自十八大以来，中国提出了现代化的新内涵，即包含"生态环境"的"五位一体"。我们正在向"青山绿水就是金山银山"的现代化美好愿景再出发，并为深化经济改革全面扩大开放，加强自主创新不断推出新的重要举措。就此而言，中方的锐意进取，与美方心情迫切地希望"中国制造"必须公平计入环保、创新与人文成本的愿望，本质上没有太大差别。美国一些人应该调整心态，对此公平正视。而中方则无论美国是否打压，仍必须继续坚持科学与可持续发展。

对于来自美国一些人的埋怨与批评，一个更加自信的中国，不宜急于与他们互怼甚至开展"同等规模"的对撕。我们时刻保持自己客观理性的心态，对竞争采取冷静的应对，未来才能立于不败之地。

（作者是复旦大学教授；《环球时报》2018 年 11 月 15 日）

误判中国瓦解美国对华政策共识

[美] 罗伯特·A.曼宁

　　美国对中国的幼稚误判加上中国经济出人意料的快速增长，瓦解了长期以来作为美国对华政策基础的两党共识。有关美方政策的一种新共识正缓慢成型。

　　美国人倾向于将自己的经济和政治体系视为普世标准——即我们希望其他国家"能像我们一样"。自中国在 1978 年开启改革开放进程，美国一个不言自明的希望和假定，就是中国将朝这个方向前进。

　　随着上世纪 90 年代中国经济增长开始加速，美国两党对于对华"接触战略"的支持不断增强。这是有现实基础的：在中国已经出现了关于经济政策的辩论，有关国有企业的一些重大改革也在监督下推进。另外，中国对外资的开放态度也使美国对华政策获得美国企业界的强有力支持。

　　随着中国开始融入国际经济和政治体系，并成为"布雷顿森林体系"机构 IMF 和世界银行最聪慧的学生和成员，一些国际关系专家提出一个主流理论——自由制度主义。

　　该理论认为，随着中国改革持续推进，国内中产阶层不断壮大，中国更多享受到参与自由世界秩序的甜头，它将接受该体系的规则和准则，即使这些规则是由西方制定的，中国在其中几乎没有发言权。还有一些人认为，随着中产阶层壮大，北京将不得不在政治改革层面有所行动。

这样一来，美国和中国的利益重叠将持续增多。这种判断不断推动着美国实施"接触政策"，即尽可能多的合作并管控分歧。从吉米·卡特直到小布什，美国前后五届政府均执行该政策，既有民主党也有共和党。

到了奥巴马时期，疑虑开始出现。越来越多人认为，中国在2008—2009年之后的行为证明美国当初的假设错了。2008—2009年，西方正遭受20世纪30年代以来最严重的金融危机，北京却收获了强烈的自信。"华盛顿共识"和自由市场意识形态开始被打碎了。这样的形势让人感觉：中国已经不再需要"静待时机"，它的历史时刻已经到来了。

这种疑虑的出现，部分原因可能在于那段时期内中国经济惊人的增速和规模：它的GDP从2000年的1.2万亿美元激增至2016年的11.2万亿美元。除了经济，不少人认为北京在政治和军事层面也变得更积极了。中国海军实力的持续增长愈发明显，尤其是在南海和东海，另外中国在领土主权上的诉求也愈发坚决。

中国重新崛起为全球大国的速度之快出乎美国预料，当然，那些全球性的国际机构也没为此做好准备。它确实打破了很多假设。随着对华贸易逆差不断增长，美国政府内外的经济分析人士愈发开始抱怨，他们指责北京借助不公平的贸易和投资政策使现有体系向它倾斜。守成大国倾向于以一成不变的视角看待自身的主导地位。美国现在就是这样，认为在二战后由它帮助创建的世界体系就要一直持续，不能改变。

事实上，中国在国际体系中的全新经济和政治地位，在很多方面都对现有秩序提出了挑战，这套秩序需要自我调整以适应新的现实，尤其是财富和力量从西方向东方的转移。

现在，美国可能又在另一方面误读中国。确切地说，就像美国去年底发布的国家安全战略报告说的那样，它把中国描绘成一个寻求在亚洲和全球削弱美国地位的"战略竞争者"。这过于简单化了。

当今中国是一个崛起中的大国，它仔细研究过美国的全球行为，现在越来越像一个大国那样行事。而且，它的行事方式与美国在20世纪崛起为世界大国时的所作所为并非毫无相似之处。这是所谓的"自由制度主义者"们的一个错误认知。中国没必要拒绝它曾从中获益的所有那一整套规则和标准，但正如美国当时的情况一样，北京又不得不重塑相关机构，使其更加精确地反映自身的经济和战略分量。

毫无疑问，战略竞争是激烈的，就像我们在不断升级的贸易摩擦以及在南海某些时候近乎军事较量的现状中所看到的那样。但有一些常被提及的基础性事实，也昭示着密切合作的重要性：世界上规模最大的两个贸易强国之间高度相互依存，而且两国均依赖于同样的全球供应链；朝鲜半岛、阿富汗等国家和地区的和平与稳定，符合两国共同利益；缺少大国合作，气候变化等全球性问题将无法解决，如此等等。

简单说来，就是一直以来的那个方案依然最合情理——在能合作的领域尽可能地开展合作，同时管控分歧。但现在的情况是，过去达成的那种平衡已经发生变化，即"合作的篮子"越来越小，而"分歧的篮子"越来越大了。对于美中而言，现在的挑战就在于重新平衡经济关系，达到利益平衡，并制定出一套地缘政治层面的战略稳定框架，让华盛顿和北京都能跻身其中。

（作者是大西洋理事会布伦特斯考克罗夫特国际安全中心、"战略远见计划"高级研究员，本文由王晓雄翻译；《环球时报》2018年7月25日）

中国量力前行，美国"叶公好龙"

金灿荣

美国单方面挑起贸易战以来，一直试图通过各种方式对华施压，其中包括要求 WTO 以发达国家而非发展中国家标准对待中国，推动世行提高给中国贷款的利率等。无论美国或其他西方国家如何混淆视听，都无法改变中国是世界最大发展中国家这个事实。中共十九大报告中指出中国的这个国际地位没有变，在上月的金砖国家领导人约翰内斯堡会晤中，习近平主席也再次强调了这一点。

这个定位符合中国基本国情。首先是中国的工业化进程还没完成。虽然我们的工业化取得巨大成就，现已拥有全球最大规模的制造业，最完善的工业体系，学习能力也非常强，但客观讲，整个经济体系还没彻底完成工业化，依然处在爬坡的过程中。这是中国仍在"发展中"的根本原因，如果工业化真完成了，再说"发展中"就缺乏学理基础了，但事实是还没到那个程度。

其次是中国发展不平衡问题。虽然中国沿海和中部一些城市地区的现代化水平已经比较高了，但沿海农村地区和中部中小城市现代化水平还较低，西部地区的发展水平普遍还要更低一些。如果只看北上广深杭州等发展最好的那几个点，怎么看中国都是发达国家，但要看整个中国和 14 亿中国人这个整体，就必须承认相当高的比例还处在现代化早期阶段，就平均水平而言，我们还处在发展中国家阶段。

再者就是还有一些很难用数字表达的东西，其中包括社会上符合现代化要求的思维方式、行为习惯的培养，比如遵守秩序、正确的公益观等，另外还有现代国家的治理能力等，这些方面还有欠缺。十九大报告中对国家治理体系和治理能力现代化提出明确要求，也有这方面的针对性。

综上所言，硬的方面，工业化还未完成、地区发展不平衡；软的方面，与现代化相关的社会习惯和国家治理能力等还有不足。这些因素加起来，证明我们对自己是最大发展中国家的定位符合事实。

除了符合基本国情，这样的定位也符合中国的国家利益。美国罔顾事实基础，想把我们定位为发达国家，目的是要中国承担更多义务和责任。我们当然会有所承担，但要承担跟自身能力与地位匹配的国际义务，同时抵制那些明显不合理的要求。

当今世界的大多数国家都是发展中国家，真正进入发达国家行列的就是以欧美日为代表的几个国家或地区，发达人口加起来不到全球总人口的15%，不发达国家人口比例占到85%。在此背景下，中国把自己定位为发展中国家不仅符合事实，在政治上也具有合理性，代表性也更强。

新中国成立69年来，我们的工业化总体是成功的，虽然还没彻底完成，但一直都在爬着坡往上走，尤其过去40年来以市场化改革为动力的现代化，大大提高了效率。中国原本就有的规模，加上工业化、市场化取得一定成就，就使中国确实具备了从发展中国家转向发达国家的可能性，这个不能否认。

有些学者据此提出，中国的国际身份具有了双重性，兼具发达国家和发展中国家的特性。作为一种学术观点，这也无可厚非。但在这种双重性中总得有所侧重，尤其在国家政策制定过程中，需要有对自身的基本定性。目前而言，更合理或占主导地位的定性，当然还是发展中国家这个现实情况。

最近这些年来，中国在外交层面的进取心明显变强了，过去被动反应居多，现在更多表现为积极进取，在国际上很活跃。这种活跃引发一些疑虑或批评，但必须说清楚的是，这也是由客观条件决定的。

其一，中国是发展中国家，但它是"最大"的发展中国家，仅是物理体量就决定了我们在广大发展中国家中的影响会比较大，其他国家对我们的期待很高。这决定了中国不得不承担较之一般发展中国家更大一点的责任，这个回避不了。其二，过去很长一段时间，美国也希望中国帮它分担一些国际责任。尤其2008年金融危机以后，美国曾提出G2的概念，它自己挺不住了。

在此背景下，中国外交比以前活跃了，发展中国家总体挺满意的，对中国发挥积极作用感到高兴，但发达国家心理却变矛盾了，原来它们要中国多承担责任，一旦中国按照它们说的去承担了，它们又有点叶公好龙，被中国展示出来的能力吓一跳。

这就是现在中国国际表现的背景。第一，无论发展中国家还是发达国家，客观上都对中国有期待甚至有压力。发展中国家希望中国在国内发展和国际环境上多帮它们一点，发达国家希望中国多帮它们承担责任。

第二，从国家利益角度讲，中国自己也需要在外交上活跃一点，因为我们需要与其他国家在市场化原则基础上，建立更紧密的产业合作。

第三，中国近年来的海外利益日益增多，需要保护。

第四，国际治理出现赤字。原来主要是美欧提供国际治理的方案和资源，但现在美欧都不愿意了，欧洲有心无力，美国则是有力无心，变得小气，因此国际治理供给层面出了问题。供给减少，需求却在上升，比如气候变化、自然灾害频率增多、网络世界带来新的问题等新议题显著增多。两相对比，国际治理赤字明显加剧。这种情况下，中国作为负责任大国不得不多做一点。

多种原因叠加，导致中国虽然在定位上仍是发展中国家，但又得在国际事务特别是全球治理当中发挥一些领导作用。

正因是发展中国家，我们在全球治理中是相当谨慎的。比如网上一直有人说中国在对外援助上花钱太多。但实际上，从外援占 GDP 比例看，中国跟其他大部分国家比并不高，欧洲国家占比最高，美国也比中国高很多，中国基本是在量力而行。我们虽然变得积极，但不激进，而是始终基于最大发展中国家的这个身份。

一个国家的定位由两方面构成，一是自我定位，二是国际上的看法。10 年之后我们不太清楚情况如何，但至少现在，我们对自己的认定是发展中国家，而大部分国际社会成员对此也是认可的。

（作者是中国人民大学国际关系学院教授，中国未来研究会理事长；《环球时报》2018 年 8 月 8 日）

篇　四

未来展望

————

环球时报年度评论选（2018）

历史机遇期不会再与中国擦肩而过

社　评

习近平总书记 1 月 5 日的重要讲话提出，我国正处于一个大有可为的历史机遇期。习总书记的这一重大战略判断为人们理解十九大精神的丰富内涵提供了新的聚焦点。

在历史的长河中，每个国家都有过很多机遇，但真正能把握住机遇的凤毛麟角。今天历史在一个恰当的时空交汇点再次眷顾中华民族，我们前所未有地接近了民族的伟大复兴，整个国家和人民踌躇满志。

这一历史机遇期是真实的，而并非中国人的想象。人类发展的基本格局和运势都在发生深刻变化，中国处在了新世纪几条增长带交叉的重心位置上。实力的规模效应更加突出，经济对综合竞争力的带动作用愈发显著。这是一个大国优势不断释放的时代，中国历尽苦难没有散掉，中共将国家空前凝聚了起来，改革开放又让我们在后发国家中先行一步。历史把一个大机遇期赋予我们，正所谓山不转水转。

过去几个世纪的情况表明，光有机遇，如果缺少把握机遇的能力，都是枉然。只有建立起充分的把握能力，机遇才会真正成为机遇期。

那么新时代的中国有什么与以往不同之处呢？

第一，以习近平同志为核心的党中央将中国社会紧紧凝聚起来，中国实现了高速经济增长中的高度政治团结。这是非常难得的。大多数时候，经济发展触发的社会矛盾会导致政治上的松散化，进而酿成反复剧烈冲突。中国成功打破了这一魔咒。举望世界，政治凝聚力是这个时代的稀缺物，国家基础结构的分岔和溃疡十分常见，中国在这方面胜出了关键一筹。

第二，中国度过了超大社会规模的经济负担期，步入了规模优势在内外元素互动中不断生成，形成滚雪球效应的收获期。一些原本一筹莫展的问题在被发展的惯性碾碎，或者被发展的水涨船高淹没，还有些被其他的发展凸起分散了，中国崛起有了越来越多的内在动力，和与外界元素碰撞出双赢火花的能力。

第三，中国社会的发展潜力深不见底。我们遇到了其他社会都有或有过的大部分问题，但是发展的新增量充满后劲，这是一种关键的战略支援和崛起纵深。同样是发展不平衡，同样是老龄化，但中国的这些问题因发展潜力的托举又与世界其他地方不那么一样。

第四，40年的改革开放和之前近30年的探索，使中国形成了相当成熟的战略理性。中国不追求对抗性扩张，强调共赢；对内注重民心，把发展民生放在首位；解决对外矛盾十分耐心，内外和谐得到统筹兼顾，从而增加了行稳致远的希望。

第五，中国仍面临大量内外挑战，随着国内民众的期待持续上升，外部的防范之心日趋加重，长跑"最后一两圈的风险"实际在增加。但是另一方面，中国社会的组织性使我们能够集中精力和资源应对挑战，战略的冷静让我们的核心利益线不随意拉长，在最有把握的地方"战之必胜"，这些使得我们成为最具战略稳健的当今大国。

第六，过去5年中国实现了战略能力不断构建中的再整理，争取最好效果以及防范最坏风险成为中国体制的高度自觉。这个国家被西方战略学者无数次预测"行将崩溃",但我们却蒸蒸日上。中国发展形成了很多西方人看不懂的强大内在逻辑。今后只要我们坚持实事求是,见招拆招,就一定能够避免颠覆性错误,不让属于我们的未来被人偷走。

中国毫无疑问手里握着一把好牌,把这手牌打好,是全党全国全社会的共同考验。我们的总风险和总希望在博弈,这种博弈在形成人类从未见过的大国轨迹。我们决不可掉以轻心,对风险和挑战甚至睡觉都该睁着眼睛。同时我们更不能失去信心。"坚定拥戴核心,忠诚紧跟领袖",中国社会的这一强大共识奠定了完成新时代伟业的政治基石。再出发,我们决不会辜负自己。

(《环球时报》2018 年 1 月 17 日)

国家的机遇与人民的预期息息相通

社　评

2018 年 1 月、2 月、3 月，中国的政治日程排得满满的。这非偶然，也不是十个手指摁着十个蚂蚱的忙乱。两次中央全会罕见地"紧挨着"举行，预示了这个国家正在经历继往开来的重大时刻。机遇在向我们招手，预期带上了大河出川的从容。

今年的两会将开得比前几年都长，党和国家的机构改革行将拉开帷幕。分两阶段到 2050 年建成社会主义现代化强国的目标和时间表已由十九大确定，全党全国将从建构一个有强大执行力的治理和工作体系入手，迈向新征程。

中国能成功吗？我们曾经充满苦难，今天的中年人都还记得贫穷的滋味。好日子来得有些突然，不断有人向我们预言，中国矫健的奔跑会因某一步的闪失突然绊倒。

然而中国的高速发展不是一次远离大后方的穿插，也不是借助一根竹竿勉强实现的撑竿跳。中国发展是真正的全民现代化运动，我们社会进步经过的每一个层面都得到夯实。中国是全面发展的国家，从基础设施建设到制造业繁荣，从高科技追赶到民生事业的发力，从工业化加速到环保开始成为重点，这一切进行得像上满发条的钟表一样守时、稳健。

就拿制造业来说，中国的门类很全，已在全世界"数一数二"，先进程度也在逐年上升。这种全面性成为中国的巨大优势，它在内生出自我升级的动力，并且形成聚合力和扩散力，进而促成了中国发展的强大惯性。

尤其难能可贵的是，中国的高速发展没有伴随这个超大社会政治上的涣散，避免了很多国家在经济增长同时社会矛盾尖锐失控的前车之鉴。中国的经济进步与社会稳定建设长期统筹进行，成为中国模式的一个突出维度。执政党有领导力，国家团结，这是中国人集体心理有安全感的重要支点和源泉。全社会都重视下一代的教育，投资不动产很流行，这一切的背后都是对未来的乐观。

中国的发展潜力太大了，民间过更好日子的愿望生生不息，执政党又有超凡能力驾驭国家的现代化进程，排除一个又一个风险，这些共同汇聚出中国一个台阶一个台阶持续向上走的稳定趋势。生活在这个时代的中国人，分享了国家复兴的伟大机遇，也常常下意识地将个人对生活的预期与整个民族的雄心对接了起来。

有意思的是，尽管西方一些人不断鼓噪"中国威胁论"，中外大规模交流中的一些具体摩擦受到炒作，但世界上很少有人真正相信中国崛起将导致严重大国冲突。对比历史上的大国政治，人们都会发现中国很真诚地走了一条和平发展之路，中国在共商共建共享理念下与世界的合作交流必将是中外关系的主导面。

与以往崛起大国常以炮舰政策开道不同，中国提出的是"一带一路"合作倡议，呼唤的是构建人类命运共同体。这一点也不虚伪，绝大多数中国人真是这么想的。因为我们知道，这么大的中国，比西方加起来的社会规模还大，如果要以零和方式崛起，注定要失败。中国崛起必须是一次针对人类社会合作共赢的史无前例的探索。

14亿人以在一定时空距离上看去像是"齐步走"的方式迈向现

代化，这太神奇了。它是中国的成功，但注定同时是整个人类的成就。从全球化早期的情况不难推测出，一旦全球五分之一人口实现现代化，所产生的正面影响力该有多么强大。中国与外部世界越来越紧密的伙伴关系很可能是不可逆的，这个趋势将战胜地缘政治的教条主义，书写给全人类带来和平、繁荣的 21 世纪。

（《环球时报》2018 年 3 月 3 日）

中外价值摩擦似越来越多，怎么办

社　评

　　近一个时期，不断有外国公司或机构在台湾、西藏等问题上发布的错误信息被发现，导致中外舆论频频摩擦，万豪、无印良品、ZARA、奔驰等大公司先后跌跤。另外五角大楼的网页图片、韩国电视台的字幕也被发现问题，给人的印象是，这样的事情层出不穷。

　　面对无穷无尽的这类摩擦，我们今后该怎么办也作为问题被一些人提了出来。其中有一些人认为这种事情根本管不住，中国人对它们反应过激会被外界看成我们不自信，反而会增加一些外部势力刻意挑衅我们的兴趣。比如德国 U20 赛场上出现"藏独"标语，中国球队罢赛，那么以后"藏独"分子就会更乐于使用这一招。

　　不能不说，这是两个价值体系十分复杂的博弈，很难用一个绝对的原则来指导千变万化的具体情形。在此我们尝试对以往的经验和主要难点做一个梳理。

　　首先，斗争是必要的。拿台湾问题来说，维护国家的领土完整本来就是一项艰难、有代价的工作。选择和平统一，就意味着我们需要用日常的、不断的付出来代替一场剧烈的流血代价。只要台湾问题存在一天，我们就不能幻想可以不为防止"台独"的恶性膨胀花费成本。

　　第二，斗争总的来看是有效的。由于不断努力，"台独""藏独"的影响力大体都被控制住了。各国政府、与中国大陆存在紧密联系的外国公司、机构以及个人都建立起了对这些问题"很严肃"的认识，有了一旦在这些问题上踩中国红线必将招致中方反制的相当肯定的预期。一些重要的规矩应当说在中外之间已经形成。

第三，"小粉红"群体是互联网时代监督外界严格遵守中外之间规矩的一根鞭子。他们每错必究，谁错抽谁，而且"虽远必诛"。他们的征伐有时候管用，有时候未必管用。国内一些人欣赏他们爱国，另一些人则嫌他们"太激进"，认为他们有时让中国"自取其辱"。不过客观看，"小粉红"几乎成了各路犯规者最惧怕的力量。现在台湾艺人几乎没人敢耍两面派了，各大公司也变得围绕中国红线越来越谨慎小心，其中很大一部分压力就来自那些"小粉红"。

第四，还要看到我们的力量是有局限的。中国庞大的市场是目前我们威严的最大源泉。遵守在台湾、西藏等问题上规则的绝大部分外国力量和机构都是因为与中国市场有直接或间接利益关系，包括外国政府，也是担忧中国开展报复会影响他们国家同中国的商业关系。而那些与中国市场没什么关系的力量和人，就可能恣意妄为了，我们很难找到办法制约他们。

第五，我们拿他们没什么办法的那些力量主要是外国媒体、一些议员、激进组织以及希望冲中国"碰瓷"扩大自己知名度的各种边缘性力量，等等。

由此看来，今后的斗争还要继续，有效的斗争尤其要开展，一些我们确实影响不了的力量则犯不上与他们纠缠。我们要在自己占优势的位置上开展斗争，发现打不赢时也不必沮丧。我们要清楚谁的赢线都不可能无限长，但却是可以逐渐延长的。

还有一点我们要很清楚，中国崛起过程中可能一直都会挨骂，都会被挑衅。但是那些骂声和挑衅会逐渐变得对我们越来越不重要。要说我们埋头做好自己的事情，别人说什么都可以无视，但这是一种理想主义。现实就会是中外不断磕磕碰碰的，这种磕磕碰碰从我们很在意慢慢会变成别人很在意。重要的是每一次磕碰我们都尽量不吃亏，善于掌握适度，而且最好气着别人，而不是气着我们自己。

（《环球时报》2018 年 2 月 12 日）

如何面对这个中外相互敏感的时代

社　评

一段时间以来，包括春节前后，中外因一些敏感话题的摩擦不时出现。一方面不断有外国人或机构"辱华"的新料在中国互联网上引爆，另一方面一些中国人或机构的表现也被解读为"冒犯"外方甚至是"挑衅"。这些不都发生在中外官方之间，很多时候是它们在舆论场上呼啸而过，引起短时间内的强烈震动。

必须要说，中外交流的整体格局发生了嬗变。首先是这种交流的规模前所未有，参与者几乎是"全社会对全社会"。二是中外交流的平等性前所未有，复杂性也前所未有，过去中国在对外交流中很弱势也很被动的局面发生了质的改变。三是中外社会都有点跟不上这一嬗变，心理上的不适应正在通过各种方式发作、释放。

这样的情况下，中国一旦与某个具体国家或者某个力量阵营有了摩擦，或者民间发生一些很具体的冲突，各方从自己的角度做价值判断，都会认为自己是对的，对方是错的。由于中国在国际舆论场上的话语权远不及西方高，所以一旦出现争论，我们往往会吃亏。

现在要劝西方国家讲理，按照同一个标准处理中外纠纷，不会起什么作用。西方的总人口虽然没中国多，但他们的发声点多，发声工具强大，可以动员的国际舆论资源也很多，多年软实力积累很深厚，与中国多打一打舆论战，这对他们来说最拿手，成本最低，他们何乐而不为？

中国人只能对自己该如何认识当下的处境，以及我们该怎么做进行一番厘清，让我们在思想上更清醒，行动上更稳健，避免一些策略上的失误。

第一，我们要看到，中国崛起是当今世界格局的最大变量，这决定了中国是全局性的战略主动方，而非被动者。我们的战略自信应当远多于焦虑和不安，我们对各种事情的认识都不应脱离这一最大出发点。

第二，中国是崛起力量，但我们的先进程度和存量水平都与美国和西方世界加起来尚有巨大差距，这也应是我们现阶段思考问题时必须立足的基础性命题。

第三，我们既需要民族自豪感的弘扬，也需要对外保持谦逊学习的态度；既需要坚决捍卫国家利益的决心和意志，也需要国际主义精神，真诚推进人类命运共同体的建构。这当中把握平衡至关重要，而能否做到这种平衡是对中华民族的一大考验。历史上很多国家在崛起过程中显然都没做好这种平衡，导致国家崛起伴随了民族灾难和浩劫。

第四，当很多利弊参半的选项同时摆在我们面前时，我们应清楚，中国社会的团结第一重要；中外解决纠纷时，能用和平协商的方式解决，通常会比用加剧冲突的方式解决要好；国家的面子很重要，但是要尽量避免把面子与我们的现实利益对立起来。

第五，说了一大堆，有一点要特别强调：中国在走向全面崛起的路上必将还要经受一些重大考验。我们做不到齐步走着、唱着歌就能实现伟大复兴，我们还要准备再受一些委屈，再有一些忍辱负重，一步比一步更艰难、承受更多风险地走向崛起的巅峰。

　　讲这些，不意味着中国人需要一起克制、再克制。13 亿中国人都是"勾践"，比着"卧薪尝胆"，这太可怕了。现实也决不会是那样。中国人的各种表现构成一种生态，那种生态的总面貌和总逻辑应当呈现出集体的稳健，既不忍气吞声，也不趾高气扬。希望中国的体制能够让这种稳健穿越复杂的时代，成为 21 世纪人类发展一道夺目的"亮丽风景线"。

（《环球时报》2018 年 2 月 22 日）

唱衰中国的人和力量都将是历史笑柄

社　评

最近一段时间，一些西方媒体宣扬中国面临"很大压力"，俨然中国遭遇了"多重危机"的样子。这种论调通过各种途径向中国互联网上渗透，在一些小圈子里引起了反响。

西方的那些意识形态斗士巴不得中国出问题，他们的观察受到这种愿望的扭曲，看中国什么都像是"失序"的迹象。连个别人发表不负责任的文章，互联网上又出一个舆论事件这些在过去司空见惯的事情，他们也隆重点评，渲染它们的"不寻常"。

然而中国哪像他们说的那么脆弱。远的不说，仅仅最近 20 年，中国经历了难以历数的各种压力。从国企职工下岗，到环境污染给经济发展敲响警钟；从"法轮功"带来挑战，到新疆暴恐袭击出现向其他地方蔓延的势头；从邻避事件引发的街头抗议活动升级，到互联网舆论事件带来的一次次冲击，所有这一切都是中国治理曾经面对的新难题，被预言中国很难迈得过去。

然而回头看，中国是不是成功抑制住了那些问题的发酵呢？再看今天，把我们当下的治理能力和手段与过去相比，把当前的问题也与当时的问题相比，我们对克服、管控当前问题是否应当更多一些信心呢？

现在互联网上不时流出一两个某地发生小型群体事件的视频，那些群体事件与当初厦门、大连、什邡的大规模邻避抗议事件能够比得了吗？前些年发生过多起恶性袭警事件，一些公知带头在互联网上煽动对袭警者的支持与同情，这种事情当前是否大幅减少了呢？还有持续严重雾霾、生态灾难引发公众愤怒，小型自然灾害和管理失误导致大规模人员伤亡震动社会，这些情况是否也在减少呢？

说中国现在面临比过去更多的压力，这属于拍脑袋式的判断，或者是别有用心的引导。这种情况得不到现实和数据的支持。

我们认为，中国当下的治理是平稳的，十八大以来国家致力于解决一些公众高度关注的问题，取得了明显效果。比如反腐败成绩突出，经济调结构、去产能有了实质推动，治理污染成果显现，社会公平建设也迈出了一些大步子。

当然，中国不是没有问题，事实上，老问题缓解了，新问题就会冒出来，这是中国社会运行的常态。

我们注意到，中国经济当前的动能显得不够突出，社会似乎缺少一些兴奋度。另外前些年一些地方各行其是的涣散局面消除了，但是现在有的地方和基层积极性不高又成了新问题。

解决这些新问题，活跃经济恐怕是最重要的驱动。为此需要有释放社会活力的其他政策相配套。我们认为，中国发展经济潜力巨大，这是很真实的，党和政府又有激发社会活力的充分经验，因此在这方面有所作为对这个国家来说不是件难事。

让企业有投资的更多意愿，让民众有更多挣钱的机会，让各行各业的从业者能够不断涨工资，经济保持繁荣，社会多些乐观，那样的话，什么贸易战，什么西方的指责，什么互联网上又冒出一个轰动的舆论事件，这些都不在话下。

从上世纪90年代开始，西方舆论冒出一波又一波的"中国崩溃论"，但是想看中国笑话的人自己都成了笑话。今天"中国压力论"的制造者又在看错中国的形势，以为中国这个社会"什么都怕"，是一副只能在无菌室里生存的弱体格。

然而过去的历史已经证明了中国社会强大的承受力，随着中国综合实力的提升，也因为我们看遍世界各种发展道路的短板，这个国家的政治自信不断夯实，它对各种问题的承受力也注定是与日俱增的。凡在这方面形成误判并依此行动的人和力量，都将付出各自的代价。

（《环球时报》2018 年 8 月 7 日）

从世界看"一带一路",看到的是什么

社　评

"一带一路"倡议 2013 年秋天提出,至今已经 5 年,一家西方媒体总结道,"从巴拿马到马达加斯加,从南非到新西兰,越来越多的国家正式表态予以支持。"

世界对"一带一路"的研究这 5 年越来越多,对它的重视程度和参与度相互推动着快速上升。那么从世界的角度看,"一带一路"意味着什么?

第一,"一带一路"是第一次由发展中国家发起的跨地区大型国际发展倡议,它改变了以往只能由发达国家设计全球性规划,并提供建设资金和技术的格局,为世界不发达地区新增了重要的基础设施建设动力源,在长期被现代化遗忘、边缘化了的地区划出了一条强劲的发展主线。

第二,它不是一个大型援助计划,而是共商共建共享、互利共赢的合作项目集群。中国的倡议和一些示范性投资点燃了很多国家的发展愿望,激活了那里的很多潜力。

第三,"一带一路"很大意义上是合作探索,其实不仅中国,每个国家都有强烈的对外合作意愿。"一带一路"的沿线国家彼此存在各种差异,与"一带一路"对接的方式必有各自特点,这会带来不同合作形式的色彩纷呈,从而为国际合作创造更多的可能性。

第四,一开始有一些国家对"一带一路"倡议的动机有所怀疑,认为它是"地缘政治战略"或者"新殖民主义计划"的声音都有。但是这种怀疑总的来说不断被越来越显著的合作成果冲淡,现在只剩下极少数国家继续抱有偏见。而国际社会不断深化对"一带一路"的理解也是各国同中国增进战略互信的过程。

第五,"一带一路"是高度开放的国际合作,它的节奏会快些慢些、紧凑些舒缓些,但它的理念逐渐推广开来,合作形式及套路创立了出来,这会形成惯性和内生动力。所以"一带一路"终将生生不息,持续造福沿线地区。古代丝绸之路延续了很久,全球化时代支持"一带一路"的现实元素无疑更多。

第六,基础设施建设会在未来很长时间里继续是人类社会发展的主题之一,而发展中国家内部和不同国家之间的联通必然是全球基础设施建设的主战场。先走一步的国家如何更加积极地参与相对落后国家的基础设施建设,形成互利共赢格局,这是人类需要不断完善的课题。"一带一路"为这方面提供了重要的实践与建树。

第七,围绕"一带一路"会形成未来世界基础设施建设占比很大的市场,创造各种受益的机会,也带来更多公平。"一带一路"推动了政治不干涉原则进一步的普遍化,让拆除更多合作的障碍成为现实,新型合作模式必将更有竞争力。

第八,"一带一路"给发展中国家带来了更多注意力,让发达国家更多关注了不发达地区的机会及潜力,有利于世界范围内发展资源的更合理配置。"一带一路"实际上起到了某种"建设导向"的作用。

第九,把"一带一路"继续推进好,仍有许多问题要解决,尤其是要加强中国投资的风险管控。同时值得指出的是,由于"一带一路"沿线地区的需求潜力十分巨大,管控相关风险存在有利的市场条件,因此这是发展中的问题，需要的是决心和经验。

第十，这5年通过推进"一带一路"，中国企业和我们整个国家都前所未有地开阔了视野，也经历了中国走向大国过程中必须有的磨炼。"一带一路"的实践必将载入中国史册，也将成为世界建设史的一座里程碑。

（《环球时报》2018 年 8 月 28 日）

外部敌意增多，对外开放更需心理强大

社　评

中国的对外开放面临新的考验，那就是美国政治精英群体和一些西方力量表现出对中国越来越明显的敌意。随着中国成长为第二大经济体并展现出进一步发展的态势，美国开始视中国为战略竞争对手，并且带动了西方其他保守力量对中国的警惕。中国的国际大环境在出现深刻变化。

特朗普政府发动对华贸易战，美国政治精英对中国崛起不满的爆发被认为是主要原因之一。中美贸易战打到当前的规模，在几年以前是不可想象的。除此之外，西方一些国家同中国的政治及意识形态摩擦也在增多，连中国孔子学院这样的文化交流项目也成为它们刁难的对象。

中国必须对美国发动的贸易战予以坚决还击，并且在与西方的其他摩擦中坚定地维护中国的权益。与此同时，我们要做到继续扩大对外开放的决心不动摇，而且让这种决心不断转化成在更为复杂环境下对外开放的现实行动。做到这两点需要远超近代崛起国家的胸怀和智慧，中国历史为我们提供了取之不尽的思想资源。

中国社会切不可被美国和一些西方力量的无理做法激怒，我们既要反击外部挑衅，又要自我管控好对外冲突有可能对我们心理和认识所产生的影响，保持作为大国的从容。要从我方尽量将中外摩擦控制在具体事务层面，不轻易朝战略层面引导，抑制那些摩擦在现实及心理层面的升级。

对外开放是中国的基本国策，它深刻影响着中国对外及内在的行为哲学和政治安排。对外开放极大增加了中国发展的动力，同时带来了中国维护国内秩序的外部风险。过去中国实现了动力和风险的正向平衡，今天这种情况会否改变呢？

全球化和互联网的普及推动了中国社会多元化的发展，民间的思想趋于活跃。而恰在这时，外部的敌意在增加，一些冲击来得更强烈。但是要看到，中国维系独立自主和政治团结的资源也前所未有地丰富。如今中国正向平衡对外开放动力和风险的能力显然更强了。

中国社会的自信有理由比任何时候都强大，我们无须因为出现强度更高的外部冲击而惊慌。中国崛起注定不会一帆风顺，我们越强大，外部阻力和冲击越会增加，这样的辩证关系确为中国崛起的实际情形。但只要中国的国力是不断上升的，我们就总体上把握着控制风险的主动性。

有了对时局的客观判断，我们就更有勇气面对各种冲击，通过继续扩大对外开放营造更加强大的物质和精神实力，在愈发复杂的国际环境中保持积极姿态。

保持这样的自信，我们就能够防止对外斗争思维的扩大化，不使对外斗争影响我们国家和社会各项工作的议程及节奏，不会让外部形势成为国家事务的主导性因素。中国最重要的是把自己的事情办好，过去是这样，现在和今后仍会是这样。

中国需要营造更大的发展动力和社会活力，我们要不断活跃经济，发展民生，促进国民人身安全、自由等各种权利的保障，这些都是国家长治久安之本，也是我们与外部不友好势力博弈、斗争的内力。把这些工作进一步做好，不让它们受到外部环境的干扰，也是民意的呼唤。

中国是复杂的大社会，又处于与外部世界高度复杂的交往中，巩固国家的团结必是长期的任务。而实现团结的形式和方式都会有新的时代特征，相关的认识和经验需要不断积累。但有一个经验是不会错的：只要国家每一项政策的出台都是真心为人民服务的，中国的国家团结就绝不可能跑偏。

中国如何顶着外部压力继续往前走，这不啻为一大考验。中国执政党和人民大众的利益是高度一致的，这一基本事实任何蛊惑都抹杀不了。群众不糊涂，有中共的卓越领导力加上民众的信心，中国没有克服不了的问题，也没有应对不了的挑战。

（《环球时报》2018 年 9 月 20 日）

在世界第二大力量的高处看中外纠纷

社　评

改革开放 40 年，中国取得辉煌成就。我们不仅已是世界第二大经济体，而且被外界广泛看成一支正在形成全球影响的战略力量。中国接下来如何发展，采取什么战略姿态，的确将产生前所未有的牵动力。

中国是当代最大的社会主义国家，我们有有别于西方的政治制度，另外中国的历史文化、国民心理、近现代的历史经验也与美欧不同，中国今天还有着要实现现代化和满足人民对美好生活需求的现实目标。这一切决定了支持中国体制运行的工具体系也必然有自己的特征，立足于中国特色，也就成了这个国家的必然选择。

与此同时，随着开放式发展的扩大，特别是加入 WTO 后，中国与世界形成了空前的深度交流，中国的力量成长，则在重塑中国与其他大国的战略关系。这个时候中国不得不处理一些过去就存在、而现在愈发显得突出的问题，其中最主要的就是如何对待西方主导建立的各种"规则"，如何面对一些国家因中国崛起而产生的不平衡感和不安全感。

大多数西方支持的规则，尤其是 WTO 规则，中国都遵守了。争议在于，涉及国家政治制度安全的部分，中国形成了一整套自己的体系。在涉及领土争端时，中国像所有国家一样，选择了对自己有利的国际法解释。这一切在中国的经济规模还比较小时，西方虽不喜欢，但没有冲击到它们的利益。当中国成为今天的规模后，它们的抱怨变得越来越强烈。

抱怨中国时，西方的动机是复杂的，有一些是认为中国的做法损害了它们的利益，"不公平"，如他们指责中国补贴国有企业、防火墙让美国一些互联网公司无法获得中国受众等。但也有一部分西方精英是对中国搞意识形态攻击，把批评中国作为一种地缘政治手段，他们就是想扰乱中国，挤压中国。

不管西方人怎么想，我们认为，中国在规则领域与外界尽量多地沟通，寻找公约数，不让分歧激化是有益的。处理这种关系，其实质是协调中国国家利益和国际利益的格局，对发展权利和安全利益在竞争的基础上进行各方都能够接受的再调整。

中国体制的独特性必须坚持，它是国家安全的支柱，也是中国长期稳定发展的生命线。在我们遭到各种恶意挑衅时必须勇于自我捍卫。与此同时，我们有必要面对国际现实，让我们的体系与外界更容易接触、融合，增加体制的对外适应性和包容度，避免独特性在操作层面的僵化和无限放大。这会让中国体制在高度独立自主的同时，更具有对外亲和力，减少摩擦发生的几率。

西方主导建立的国际体系首先是维护西方国家和一些与之关系友好小国的利益的。中国在这个体系中经过创造性的努力，实现了长时间的高速发展。在这种情况下，我们不妨对该体系的评价更积极些，处理纷争时多照顾多数国家利益，多致力于维护体系本身，对西方国家于己有利的一些引申性解释该斗争的斗争，能妥处的则妥处，求同存异。这样做的目的就是维系体系的运转，保持对中国总体有利的局面。

　　总的来说，中国的策略需要根据中国发展的实际状况和国际形势的客观态势进行把握。国际关系的根本问题还是利益分配，中国需要在坚决捍卫本国发展和安全等重大利益的同时，兼顾其他国家的诉求。中国在这方面必须是现实主义的，根据我们的实力、能力与其他国家进行协商和博弈，确保中国战略环境最大限度的有利和稳定。

　　所有国家制定对外政策的价值取向都会是国内政治优先，中国体制的独特性尤其要求我们关注国内政治稳定的方方面面。然而具体该怎么做，这是不断探索的过程。我们既要确保安全性的宽裕，也要避免对安全性的过度追求，防止这种追求影响我们社会的内部活力和对外合作的顺畅。实现这方面最有利于中国长治久安的平衡至关重要。

（《环球时报》2018 年 10 月 16 日）

不要误读充满善意且坚持原则的中国

社　评

中国国家副主席王岐山 6 日在新加坡的一个论坛上说，中美合则两利斗则两伤，他表示中国愿与美磋商达成一个双方都能接受的经贸方案。

美国对华贸易战已经持续一段时间，美方近日传递出复杂信号，但很多人怀疑，美方不断调整姿态，针对的是 6 日举行的中期选举，美国离形成与中国达成公平协议所需的诚意还有一段距离。

王岐山表达了中方与美公平解决双方纠纷的善意，北京的这一善意是一贯的。相应地，北京对核心利益的坚持同样是一贯的。

以首届中国进口博览会和民营企业家座谈会为标志，中国更高水平的改革开放已经拉开帷幕。新的对外开放措施如降低关税、降低市场准入门槛等等，有的已经实施，有的正在积极筹划，中国与世界经济进一步融合呈现不可逆转之势。

中国有自己的国情，也有自己的发展规划和节奏。中国努力使这一切与世贸组织规则实现了对接，把共赢作为参与全球化的真诚原则，并且愿意主动或者在摩擦中从其他国家的视角增加对共赢的理解。中国不是一根筋，换位思考一直是中国哲学崇尚的思想方法之一。

仅仅对比今年以来的情况，就会很容易发现，中国是遭到美国打压的国家中最为冷静、克制的。事实上，中国一直在认真倾听美国及各方围绕贸易的抱怨，即使遭到美国的关税打击，我们也没有放弃一种思考：美方的要求中有哪些是合理的呢？是我们能够也应当接受的呢？

然而中国总有一些核心利益是必须保护并坚持的，说到底，它们就是中国继续发展的权利。

中国能够放弃产业升级的权利吗？答案是肯定不能。产业升级意味着能够在同样的时间里、花费差不多的力气挣更多的钱，这是人权。全世界的家庭都很注重对孩子的教育，就是希望孩子长大后能有收入更高的工作，过上更好的日子，一个国家的产业进步同样是它不可剥夺的天赋权利。

中国能够改变我们的经济制度吗？我们的经济制度有两大任务，一是对应并且维护中国的政治体制，二是促进实现更高的效率，支持经济社会发展。中国会不断改革经济体制，但是这两项任务一项都不能弱化，如果外部世界要求中国完全按照西方的体制重新组织中国的经济运行，那么中国也是决不可能接受的。

中国崛起不是由地缘政治野心和历史复仇心理驱动的，它的真实动力就是中国老百姓过美好生活的朴素愿望。中国人都希望生活越来越好，下一代人过得比自己这一代人更好些，而且大家喜欢渐进的稳健变革，不喜欢"休克式疗法"，这就是中国崛起的主要奥秘。总之，中国崛起是一个自然过程，而不是一个有针对性的阴谋式运动。

外界切不可误读中国，以为中国在主导一场地缘政治突变，发起零和的利益再瓜分，将中国内部构建凝聚力的过程进行上纲上线的剖析，证明中国的世界性野心。想想看，西方国家竞选时出现的一些声音，可比中国社会上前几年鼓舞公众的叙事方式要刺激多了。中西都不应把各自社会的"内部话语"拿到国家之间来较真，指责对方。

世界经济在全球化时代高度融合，谁想单赢就是痴心妄想，更何况中国这样的在对外合作中有诸多短板的国家。只对一方有利的事情很难达成协议，达成协议了也执行不下去。在中美和中国与其他国家的贸易关系中，动态的利益失衡肯定会不断被修正，但颠覆性的某国利益优先也不可能成为规则。这个逻辑会比任何超级大国的力量还要强大。

（《环球时报》2018 年 11 月 7 日）

当遇到"辱华"时，中国公众该怎么做

单仁平

意大利奢侈品品牌杜嘉班纳（Dolce&Gabbana）原定 21 日晚上在上海举办时尚秀，然而它遭到"辱华"的强烈质疑，原定参加时尚秀表演的中国大陆明星和模特纷纷宣布抵制。杜嘉班纳于星期三当天取消了时尚秀。

事情大致的来龙去脉是，杜嘉班纳为这场时尚秀发布的预告宣传片引起一些国人不满，他们指出宣传片中有"刻意的中式发音和用筷子吃比萨饼的奇怪姿势"，认为构成了辱华。

在宣传片引发争议后，杜嘉班纳设计师 Stefano Gabbana 上网争辩，最后恼羞成怒，骂出中国是"屎一样的国家"。网友将截屏发至国内社交媒体上，舆论哗然。

杜嘉班纳和涉事设计师随后均发表声明，称他们在社交媒体上的账号被盗，并表示他们热爱中国和中国文化，同时"为不实言论给中国和中国人民造成的影响和伤害道歉"。不过，中国网友们普遍不买账，认为"盗号"的说辞老套、虚伪。

这件事是中西文化摩擦，以及中国消费者"用脚投票"惩罚涉嫌辱华或损害中国利益外国知名公司的最新例子。

中西类似摩擦一直有，过去由于中国市场小，中国公众的力量相应也小，加上前互联网时代媒体不够发达，中国公众难有在这类摩擦中的突出表现。很多摩擦因而不了了之，或者根本就没有热起来。

如今中国市场已经成长为全球商业的必争之地，中国消费者对西方公司的重要性不断攀升，话语权水涨船高。然而西方一些公司对华态度的调整并未完全跟上，有些重视程度上去了，但对华行为习惯仍有惯性。而互联网的发达赋予了中国消费者极强的嗅觉和扫描力，以及他们彼此之间的相互动员力，这一切让中西文化—市场冲突此起彼伏。

我们认为，首先西方公司以及同情它们的西方精英不应抱怨中国公众。他们应当清楚，尊重中国和中国消费者既是他们在中国扩大业务必须有的公关姿态，也是他们的自尊。去哪里做生意，不尊重那个国家或地方的文化与习俗，能够做得好呢？

鉴于西方与中国有较大文化差异，政治体制也不同，西方公司花更大力气了解中国和中国消费者，坚定"入境随俗"的理念，而不是带着普世价值的傲慢，是他们在华取得成功的道德前提。

从中国这边来说，民间的价值观和对具体事情的好恶都是自然形成的，中国消费者同品牌之间的感情逻辑与其他经济体的情况并无大的不同。因此无论中国消费者有什么样的情绪，调整方都首先应当是外国公司，这没什么好说的。

同时，我们作为一家关注中国改革开放的媒体，围绕中外摩擦也有几点建议。

第一，中国消费者应该对外展示自己的力量，这种力量是外界对我们给予持久尊重的基础。之前中国网上舆论有过几次对外部不当行为的集体讨伐，树立起了中国公众有力量的形象。

第二，在确立了这种形象的基础上，还需慎用我们的力量，重点打击言行和事后态度都很恶劣的外部肇事者，对于确有可能不熟悉中国情况而犯错、犯了错后又有明确道歉态度的外国公司，则未必需要穷追猛打。一是由于存在上面所说的中西差异普遍性的问题，二是很多摩擦都是低水平的公关所致。只要外方不坚持错误，我们就可以给双方的长期沟通留下空间。

第三，凡是涉及中国消费者与外界冲突的，我们建议中国官方都尽量不出面干预。让市场来解决文化摩擦问题，塑造双方的适应性。

（作者是环球时报评论员；《环球时报》2018 年 11 月 22 日）

"强起来"的中国人需要怎样的品格

李开盛

一直以来，发展中国家都是中国外交的重要基础。从 1991 年开始，中国外长每年的首访都会放在发展中国家众多的非洲。但客观地看，许多国人对发展中国家，尤其是相对贫穷的发展中国家的了解还存在偏差。国之交在于民相亲，这种民间的隔膜很可能对中国外交的长远发展造成不利影响。

具体来说，不少国人在看待发展中国家时，存在如下方面的偏差：

其一是忽视。根据媒体报道，2016 年中国公民出境游已达 1.22 亿人次，最受欢迎的目的国家依次为泰国、韩国、日本、印尼、新加坡、美国、马来西亚、马尔代夫、越南和菲律宾。这些国家要么是发达国家，要么是周边的旅游胜地。虽然也有不少人去了非洲，如肯尼亚等国，但主要是为了看动物，相对较少有人去深入探访当地的风俗人情。在国内各类媒体的国际类报道与节目中，往往对西方发达国家的各种事物如数家珍，而较少有镜头去对准非洲、拉美国家。即便时而有些报道，也多是些零星的负面消息，比如拉美的贫民窟、北非的难民和索马里的海盗等。甚至是在国际问题研究界，那些弱国、穷国也少人问津。

其二是俯视。即使对一些发展中国家有所关注时，有些人也是以一种俯视的目光去看待。中国也是一个发展中国家，而且还曾是一个很贫穷的发展中国家。经过近四十年的改革开放，中国逐渐成长为如今的世界第二大经济体，一些国人的心态随之开始发生某种变化，或者说是曾潜藏在内心深处的一些想法开始暴露出来。对于那些发达国家，他们多少还是有些仰视的。但对于那些曾和自己一样贫穷、现在仍然没能获得充分发展的国家，则难免有些"俯视"。经济上的优越感迅速膨胀为文化上的优越感，觉得它们这也不好、那也不好，自己好像高人一等起来。

其三是错视，即根据自己的思维理解对方的文化、习俗，进而做出否定性的判断。例如，不少中国人有种看法，就是一些发展中国家之所以仍然贫穷落后，很大程度上是因为那些国家的民众慵懒。笔者曾在菲律宾访学半年，也听到过不少国人和当地华人在这方面的议论。但实际上，菲佣的勤劳举世闻名，而在当地清早起来打扫卫生、开吉普尼车的，何尝又不是当地菲人？与专心致富而勤劳持家的中国人不同的是，许多发展中国家的民众欲求有限，追求一种快乐的生活。在未及温饱的时候，他们同样勤劳、肯干，但一旦稍有收入，他们便乐于消费。他们区别于中国人的，不是勤懒之分，而是文化的差异。

出现这些认识上的偏差并不让人意外。作为发展中国家的一员，中国一直以追赶西方发达国家为志向，目标锁定欧美，如此一来，一些国人对其他国家有所忽略甚至出现认识错位似乎情有可原。但要警觉的是，导致我们出现这些认知偏差的，还包括其他一些我们可能习以为常、但事实上极其有害的因素。这些因素如果不被规避或摒弃，可能会长期左右我们对发展中国家的认识。

举例来说，不少人都接受国际政治中的大国主导论，下意识地认为小国无足轻重。国际事务的主要事项大都依赖甚至受制约于大国的决策，这是事实，但任何人都不能因此认为小国、弱国无需关注。又如以利益（发展）思维看待一切、评价一切，缺乏对其他文明特性和生活方式的换位思考。再如缺乏平等心态，对比自己强的国家习惯于仰视，而仰视中又常常有些自卑。对比自己弱的国家则不自觉地俯视，而俯视中又带着些许自傲。其实，尺有所短，寸有所长，无论仰视还是俯视，均是不健康的心态。

在中国人越来越多"走出去"的背景下，我们对外部世界的心态、认识会塑造自身与当地民众接触、交往的言行，进而又成为对方评价中国和中国人的依据。特别是在中国前所未有地接近世界舞台中心的今天，中国人的一言一行都在接受着世界的评价，从深层次影响着中国与世界关系的构建。所以，对发展中国家的忽视、俯视和错视不但直接关涉中国的形象与软实力，还在潜移默化中影响着中国外交，其影响不可谓不深。

中国有"事小以仁"的传统，历来秉持"己所不欲、勿施于人"。历史上，中国曾作为弱国穷国受尽西方的俯视和蔑视。今天，当逐渐强大起来的我们面对发展中国家时，一定不要成为自己曾经不喜欢甚至是痛恨的那种人。越是大国，越是要重视、了解和尊重包括发展中国家在内的其他国家，这是一个自信、文明的中国在走向世界的过程中应有的精神品格。

（作者是上海社会科学院国际问题研究所研究员；

《环球时报》2018 年 1 月 2 日）

对中国制造的信心来自哪里

袁岚峰

最近，笔者有幸参与由共青团中央举办的"中国制造日"活动，并担任前三场讨论会的主持人，与来自高校和科研院所专家们讨论了中国制造的方方面面。一个基本的印象是，大家都对中国制造必然会不断地向上充满信心。

这种信心来自对现实的认识。中国拥有联合国定义的所有工业门类，并且在很多门类中都做到了数一数二。在核电、高压输电、高铁等领域，中国的技术水平已处于领先地位。中国不但在许多已有的产业后来居上，而且还创造出了新产业——量子通信，这是现代以来的第一次。

这种信心也来自于对历史的认识。在手工业时代，中国制造曾经领先世界。但在欧洲科学革命、大航海、工业革命等一连串爆炸式突破之后，中国被远远地甩在后面。1949 年新中国成立之初，中国的工业几乎是一穷二白。

在这种起点上，中国一方面通过"两弹一星"为国家安全提供了保障，一方面通过学习苏联打下工业化根基。改革开放之后，中国的工业持续几十年爆炸式地发展。到目前为止，中国的人均 GDP 虽然还是发展中国家的水平，但工业能力和思维模式都早已远远超出发展中国家的层次，在几乎所有的领域全面追赶发达国家，而且特指在这个领域最发达的国家。

实际上，每个发达国家都存在一些落后领域，例如美国的面板、德国的互联网与日本的通信，但有些中国人习惯于自动忽略，眼睛只盯着他国的先进产业。他们的默认值就是要在所有的领域做到第一，若非如此意味着自己很落后，找很多原因来检讨。没有第二个发展中国家，是像中国这样看待自己和世界。

中国制造为什么能实现赶超？可列举的原因比如大量的研发人员，大量高素质的劳动力，巨大的市场需求，强大的组织能力，自强不息的文化传统等等。

实际上，在这些原因之下，还有更基本的原因，例如国家的独立和安全、土地改革、解放妇女、破除神权等社会改造。没有这些更基础的因素，就轮不到其他原因发挥作用。

或许，科技界对中国制造前景的信心，难以引起一些普通人、尤其是许多文艺界人士的共鸣，他们经常反思工业、科技对社会的负面作用，喜欢谈"幸福指数"之类的软指标。但在了解现代社会运行原理的人看来，工业和科技是国家能力的基础，没有这个硬实力，任何软指标都是虚的。工业跟农业相比，最大的特点就是可以指数增长，把默认的模式从"天地所生，货财百物，止有此数，不在民间，则在公家"变成了持续增长、不断突破。这不仅对物质财富，也对人们的精神状态造成了根本性的改变。发展中的问题，只有在发展中才能得到解决。在"中国制造日"活动的嘉宾中，这是不言自明的共识。

（作者是中国科学技术大学合肥微尺度物质科学国家实验室副研究员，科技与战略风云学会会长；《环球时报》2018 年 1 月 8 日）

中国战略思维谋的是百年大计

谢茂松　牟　坚

中西战略思维，就深层次比较而言，西方以商人思维的精算式见长，要求非常精确地算计投入与产出，从而精准做出战略选择。商人思维所重在利益及其最大化，什么都可以谈，可以讨价还价。故而西方战略思维长于利益及其精算，其优点甚为显著，也使其在世界格局中占有优势，但其失也正在于此。

西方商人精算式的战略思维，其战略考虑至多三五十年；中国乃是以历史意识为支撑的战略思维，其战略长则可以百年甚至几百年计。中国人算大账，小账服从大账。

中国人根深蒂固的忧患意识是一种深远的历史意识。中国的历史太长了，这凝聚为《春秋》《二十四史》《资治通鉴》对于历史经验、智慧的持续总结。从西周礼乐之盛到礼坏乐崩，从汉唐盛世到南北朝之分裂、五代之乱世，中国人有什么没有经历过的呢，又有什么不能失去的呢？所以中国的战略思维不做最好的打算，尤其是各种最好条件具足的打算，而首先要做最坏的打算，然后才能有相对好的结果。

面对比自己国力强大者，为了维护国家利益而作出不惧战的决心，这是一种意志力的较量。大国与大国对峙，面对更强者，只有必战的决心与准备，才可能获得不战而达到战略目的的结果。中国文明绝不好战。故国与国的较量不是纯实力的较量，而是国家意志力乘以国力的较量。

国家的意志力集中体现在领导人的意志力。领导人的意志力从何而来？它不是凭空地主观而来，而是在忧患、艰难中锻造的。

中国历史上的开国者大多起初都不是实力最强者，但在战略思维上却远胜其他竞争者，故而能强。他们也不是个人英雄主义，要依靠身边一众同样具有战略思维而为其出谋划策的智谋之士。文明大国的战略思维并不只是意志力，更不是冒险。中国历史上出众的谋士都是能随时对于变化的大小形势作出分析。

只懂"势"，不明"理"也是行不通的。中国以历史意识为支撑的战略思维对理与势二者同等重视。只有具长久绵延历史者，才能既对于天理、天道有绝对的信任，同时又对于势有深刻的把握，从而能将理、势互为转换。

中国的战略思维从政治地理而言，离不开大国规模的巨大纵深，这是大国战略思维所能展开的巨大地理空间，即传统所说的"地利"。抗战的胜利起根本性作用的，既非美国也非苏联的武力，而是中国巨大的纵深以及数千万的牺牲将日本彻底拖垮为强弩之末。中国作为大国轻易亡不了，巨大的战略纵深是一个很重要的因素，但更为重要的是人的因素，也就是传统所说的"人和"。

一方面，中国规模之大、文明之久远，总会涌现一批为国殚精竭虑谋划的才智者。中国历史上的读书人不管在朝在野，意识上都有战略思维的平素准备与训练，虽然自己可能一辈子都没机会用，但可能用之于学生，明末清初王船山的战略思维更是在晚清才被曾国藩采用。

另一方面，中国最广大的民众是中国以历史意识为支撑的战略思维的最大基础。毛泽东"为有牺牲多壮志"一句诗背后凝聚了多少中国人的牺牲。中国文明最深层次的，是为家族、为子孙后代计的无比深厚的意识。每代人感受着责任、使命的感召，他可能一开始尤其年轻时完全没意识到，但身处此文化，最终也感受到责任。中国人可以为家族、为后代而付出、而牺牲，这完全不同于西方个体式的思维。这就是以历史意识为支撑的战略思维的底气所在。历史是什么，就是久远，中国的战略思维追求的是既可大，又可久之道。

所以我们看到中国的战略思维是土地与人民的一体。抗战之初的民众看似如大地一样默不出声，但一旦有深谙中国历史文明者的引导，就爆发出空前的动力。

最后要指出的是，由于中国战略思维对于理、势同样重视的高度理性与现实主义，这带来其高度的灵活性，强调权变与时中，故而不是意识形态、理想主义，并能涵括、超越西方的精算思维，中国的战略思维非不算账，而是要光明正大，是要以王道来涵括霸道。

（作者是国家创新与发展战略研究会资深研究员与中国社科院历史所研究人员；《环球时报》2018 年 3 月 6 日）

有件事，比芯片被人卡脖子更危险

倪光南

因中兴被美国"封杀"，芯片产业受到中国人的高度关注。美国扼住了中兴产业链的咽喉，是不是就说明中国芯片产业技不如人呢？我认为这要分不同领域、不同场合去看，不可一概而论。

芯片差距不可一概而论

芯片分超级计算机应用、桌面应用、移动应用、工业应用及消费应用等不同场合。在高性能计算机领域，安装中国自主研发的"申威26010"众核处理器的"神威太湖之光"在全球超级计算机500强中排名第一。在移动领域，华为的"麒麟"也与高通基本旗鼓相当。但在台式机、笔记本领域，中国与国外有3—5年的差距。国产CPU很多用28纳米，国外可能是7个纳米或者10个纳米，工艺也更先进。

但一些比较特殊的芯片领域过去没有引起足够的重视。与国外有差距，并不是因为我们真的做不出来。以往有种流传很广的说法，造船不如买船，买船不如租船。在不考虑安全的情况下，一项技术如果自主研发可能需要比较长的周期，最快最便宜的办法是买现成的。然而我们过去在研制大型计算机时感受最深的是，真正的核心技术是买不来的。我们因地震勘探、天气预报等应用需要从国外购买大型计算机，国外公司要派人来看着，不允许用在别的地方。我们自主研发做到哪个水平，人家才会开放到哪个水平。较早地形成这种认识，是我国高性能计算机发展较好的原因之一。

从芯片产业来说，可以分为设计与制造两大部分。中国的设计水平还可以，最大的短板在制造。芯片制造接近于传统工业，涉及设备、材料、工艺、封装测试等一系列问题，需要长时间的投入和大量资金，没有几百亿人民币可能都形成不了一条生产线。过去我们在芯片制造领域投入不够，要赶上发达国家可能需要 10 年左右的时间以及至少几千亿人民币的连续投入。

中国网信技术整体处于可用阶段

任何事物的发展都有个过程。具体到网络信息技术领域，从用户体验来说，有个比较站得住脚的共同规律，是从不可用到可用，从可用到好用。我国在网信领域整体处于可用阶段。所谓可用，就是可以用，但性价比不够好，有些应用不能适应。并不是差到不可用，也没有好到好用。因此，顶层设计应该加大力度突破一些根本不可用的领域，进一步支持目前已经可用的领域，向好用方向发展，直至实现所有部分百分之百好用。

这个过程是比较难的，因而更需要坚守国产替代。比如某大型国有集团有大约 40000 台计算机，其中 28000 台已经实现从硬件、软件到后台全部国产化。在这个过程中，甚至曾有过这样的情况：平时准备两台计算机，领导来了用国产的，领导走了还用回进口的。进口的是会好用一些，但即便如此也要坚持以国内产品替代国外品牌。不替代就没有推广应用的机会，只有越用才能越好用。

从体系建设的角度看，芯片和操作系统构成基础，在它上面有大量软硬件构成一个体系，再发展大量应用形成对体系的支持，这就是一个生态。生态的发展不是一朝一夕的事，需要积累，特别是我们处于后来者的位置，而先到者已经实现垄断。微软在台式机领域的生态系统从 1993 年 windows3.1 应用推广开始算起，已经经历了 25 年时间。但在移动方面却没有成功形成自己的生态，被苹果和安卓挤掉。过去我们很多体系的生态支持不够，应该认识到，没有替代就建立不了自己的体系，把生态建设好需要加速替代过程。在这方面，政府的主导非常重要，一方面原因是用户已经非常熟悉现有产品，不愿承担替代成本，不愿意学习新东西；另一方面原因是垄断巨头的打压，比如早年在中国市场泛滥的盗版 windows 操作系统，微软可能不清楚吗？实际上这是它们为打击国产操作系统起步采取的一个免费推销策略。

政府主导作用还应该体现在整合资源、避免内耗方面。目前我国以 liunx 为基础研发操作系统的公司大概有七八家，每家不过几百名员工，都没有跟微软这样的巨头单挑的实力。2006 年，原信产部、国家版权局、商务部、财政部曾下发通知要求计算机预装正版操作系统软件，希望给国产操作系统厂商一个机会。但由于缺乏协调统一，几家国产厂商打起价格战，最后竟出现零价格销售的乱象。

由此可见，在国产自主品牌的替代过程中，应发挥我国集中力量办大事的优势，由国家主导，社会跟上。涉及重大投资、大批科研人员参与、整个产业链配套的项目，不要形成好几个单位互不合作的局面。国家有责任出面把分散的力量整合起来，形成统一标准，在同一体系下与发达国家跨国公司竞争。北斗导航系统的成功证明了我们的制度优势，坦率地说，这种跨产业项目的自主研发难度高于芯片这类本产业内部的自主研发项目。中国赶超世界先进水平的条件已大大好于过去。如果芯片无法实现自主，可能是执行方面出了问题。2006年国务院公布的《国家中长期科学和技术发展规划纲要（2006—2020年)》中，将"核高基"（核心电子器件、高端通用芯片及基础软件产品）作为与载人航天、探月工程并列的16个重大科技专项之一，目的就是要在信息领域替代国外体系。如今12年过去了，有些"核高基"项目要自问是否不忘初心。据我所知，有些项目拿着国家拨款去做英特尔架构的推广。中央就推进国产自主有很好的顶层设计。执行部门和项目要按照线路图去做，不要走着走着就忘了，对走偏了的项目，有关部门要及时予以纠正。

网信安全更不能被卡脖子

中外芯片的差距，不是中兴事件的关键，关键是暴露出我们在网信领域自主可控的观念不够强，供应链存在风险，容易被人卡脖子。

但中兴事件还没有充分暴露出我们在网信安全方面的风险。在传统产业领域，一件产品的安全体现在使用寿命内不出现质量问题，本身产品的安全性是可预期的。而网信安全是不可预期的，黑客攻击、后门、密码这些风险在传统产品中不存在。"棱镜门"事件说明，核心技术受制于人，信息就可能被别人监控；乌克兰电网被黑、伊朗核电站受攻击事件说明，不掌握核心技术，国家安全就会被人卡脖子。网络信息产品必须实现自主可控、安全可靠或安全可信，这包含两个层面：一是网络信息产品和传统产品一样必须保证质量过关，二是产品要能防御网络攻击，保障信息安全，不至于泄露信息。

习近平主席在讲话中一再强调，核心技术靠化缘是要不来的。我们必须认识到，没有网络安全就没有国家安全，安全是发展的前提，发展是安全的保障，安全发展要同时推进。及早投入力量坚决突破，一劳永逸地掌握网络信息核心技术，决不能有侥幸心理。

（作者是中国科学院计算所研究员、中国工程院院士；
《环球时报》2018 年 4 月 26 日）

中国还能韬光养晦吗

阮宗泽

4 月中旬笔者访问美国，有机会与官方、学术界以及媒体交流。因正值中美贸易争端升级，美国向中国挥舞关税大棒，中国发誓将以"同等规模、同等力度"作出回应，双方关系剑拔弩张。此行给我留下的较深印象与感受是，美国国内对华政策辩论激烈，怨气不少，涉华舆论酝酿重要变化。当前较流行的一种观点认为，过去几十年美国对华政策都没成功，没能改变中国，因此失败了，现在亟须尝试以新的更强硬政策对中国说"不"。

面对日益趋紧的中美经贸关系，有一种观点认为，中国的外交已经由韬光养晦变为有所作为，因不再低调，才会被美国盯上，最终招致美国的攻击；反之，如果中国继续保持韬光养晦，就会掩护中国的崛起，降低中国崛起的成本。无独有偶，在美国也有一种看法，认为当前中美关系出现问题，主要是中国引起的。有人称很怀念"过去的好时光"，那时的中国低调寡言，埋头发展；但现在的中国变了，变得咄咄逼人。这些现象的背后，究竟隐藏着什么样的事实？中国又当如何抉择？

历史是面镜子

首先，美国曾在上世纪出现过两次被对手赶超的隐忧，但每次都有惊无险。一次是苏联的 GDP 一度超过美国的 60%。美国对苏联加大遏制，同时苏联也犯了致命错误，最后苏联解体，一败涂地。美国自诩"不战而胜"，赢得了"历史的终结"。第二次是日本 GDP 一度超过美国的 60%，引起美国警觉，不惜对日本死缠烂打，"广场协议"一剑封喉，让日本失去了 20 年，从此一蹶不振。可见，只要其他国家 GDP 超过美国 GDP 的 60%，就是一个坎，美国会毫不留情地对挑战者痛下杀手。这与意识形态、政治制度或对手是否韬光养晦无关。

2017 年中国 GDP 已经超过美国 GDP 的 60%，跨越了美国能容忍的限度。这在美国看来，中国已经是一个"威胁"，而且中国的经济增长速度与潜力均远大于历史上的苏联与日本。美国承认遇到一个前所未有的对手，中国的经济实力很可能在可见的将来超过美国，并且拥有世界四分之一的工业能力，创新科技水平正快速追赶美国，对世界其他国家充满吸引力。于是自去年底以来，美国政府发表的几个报告中均为中国贴上"修正主义国家"、竞争对手等标签，华盛顿对中国的排斥乃至压制并不意外。

由是观之，美国此番妄图发动贸易战，漫天要价，并不仅仅试图在经贸上一举压服中国，而是被美国赋予了更多的政治、安全内涵，以压缩中国的发展空间，甚至打断中国崛起的进程。可以想象，今后美国挑起冲突、进行战略敲诈的可能性更大，甚至会愈演愈烈。美国剑指"中国制造 2025"，恰恰证明中国政府为国家长期发展所作的未雨绸缪的规划是正确的、有远见的。美国对中兴的制裁给中国也敲响了警钟，痛定思痛，该事件反过来将加速中国的自主创新能力建设，只有核心技术自主可控，才不会受制于人。此次贸易争端开始以来，中国的一系列强烈反击让美国措手不及。对中国而言，是被逼上梁山，没有退路，只好背水一战。

中国并未告别韬光养晦

换个角度看，今天的中国时刻处于国际聚光灯下，就如同一头大象不可能隐身于小树之后。中国现在所处的国际环境、政策目标以及行为方式已经发生显著变化，中国即便想继续韬光养晦，恐怕也有相当难度。同时需要指出的是，中国特色社会主义进入新时代，不意味着告别韬光养晦。

从国际层面看，国际社会对国力不断跃升的中国提出了前所未有的期待，希望中国承担更大国际责任，有人甚至指责中国"搭便车"。因此，中国需要在承担国际责任上有所作为。近年来中国提出一系列的倡议，其核心都是和平发展，合作共赢。比如"一带一路"、创建亚投行、构建新型国际关系、构建人类命运共同体等，都是中国愿意承担更大责任的国际告白。

从中国自身发展进程看，中国经历了从站起来到富起来的阶段，现在正走在强起来的大路上。为了更好地维护中国日益全球化的利益，缓减外界对中国意图的猜疑与不安，中国有必要增强内外政策目标的透明度和可预见性。十九大报告提出，从2020年到本世纪中叶分两步走，即第一步从2020年到2035年，在全面建成小康社会的基础上，再奋斗十五年，基本实现社会主义现代化；第二步从2035年到本世纪中叶，在基本实现现代化的基础上，再奋斗十五年，把我国建成富强民主文明和谐美丽的社会主义现代化强国。这是全体中国人民意志的集体体现，是为之奋斗的目标，任何人也休想阻挡。

中国的成功对世界和平与发展事业不是威胁，而是贡献。冷战结束以来，联合国安理会五大常任理事国中，其他大国都打过仗或仍在打仗，中国却一直在集中精力搞建设，是最和平的国家。中国对2008年金融危机后世界经济增长所做的贡献超过三分之一，是独一无二的。

同时要看到，中国提出与美国共同构建"新型大国关系"，就是新形势下韬光养晦的体现。新型大国关系指的是与美国营造不冲突不对抗、相互尊重、合作共赢的关系。历史上有哪个崛起大国对守成大国，提出过如此以合作共赢来界定双方关系的倡议？十九大报告指出了我国社会主要矛盾的变化，但没有改变对我国社会主义所处历史阶段的判断，我国仍处于并将长期处于社会主义初级阶段的基本国情没有变，我国是世界最大发展中国家的国际地位没有变。上述两个不变，难道不是韬光养晦吗？

综上所述，中国的崛起没有彩排，面对百年未有之大变局，如何在变中把握不变，在不变中运筹变，既顺应大势，又站稳脚跟，是中国面临的尖锐挑战。未来中国要继续保持冷静，既要做好正确的事，又要避免犯错，防范重大风险。唯有如此，方能确保中国在实现中华民族伟大复兴的征途上立于不败之地。

（作者是中国国际问题研究院常务副院长、研究员；《环球时报》2018年5月11日）

中国崛起还得打 30 年"持久战"

王 文

　　2018 年是全球金融危机爆发 10 周年，也是中国改革开放 40 周年。诚如习近平总书记在 2018 年新年贺词所说，"不驰于空想、不骛于虚声"，才能把中国发展"蓝图变为现实"。在这个特殊的节点，客观真实地评估世界变局，总结过往，显得尤其重要。

　　过去十年，学术界最流行的对世界变局的看法是，新兴国家崛起，老牌发达国家衰落。但从各国经济总量占全球的份额看，实际情况却更复杂与微妙。

　　中国经济总量从 2008 年占全球份额 7.3% 上升到 2017 年约 15%，增长了 8% 左右，的的确确在飞速崛起，重塑了全球经济格局。但 2008 年到 2017 年美国占全球经济份额一直稳定在 22%—25% 之间，尤其是近五年来，美国经济份额稳步上升，已恢复到 2008 年全球金融危机之前的世界地位。

　　种种迹象表明，十年来所谓"全球经济金融结构的调整"，实际上是中国与老牌强国西欧、日本之间的结构调整，并非撼动美国地位。全球金融危机十周年的总结，务必要重视这一容易被人忽视的微妙特征。

　　美国经济地位未发生实质撼动，但不可否认，全球金融危机冲击了美国的软实力。十年来，全世界不断批判美国金融监管体系的漏洞,反思美国民主自由体制的弊端。在批判与反思的进程中,中国社会的自信心逐渐恢复。尤其是近年来,中国连续主办了 G20、"一带一路"国际合作高峰论坛等盛会,促使越来越多国家关注与认可"中国方案"。

但是,国人必须清醒认识到,"中国方案"逐渐受到认可,仅仅是中华民族伟大复兴"万里长征"的第一步。中国与全球唯一超级大国美国的综合实力差距仍很大,仍需要很长时间才能赶上并超越。

第一,中国经济总量赶超美国仍须经历较长时间。2017 年,预计美国 GDP 总量将在 18 万亿美元以上,中国将超过 12 万亿美元,且两国经济质量都有所提升,并日益呈现健康化、常态化的趋势。保守地假设,如果两国汇率未来大体稳定,经济增速按中国 6%、美国 2% 计算,那么,至少到 2035 年中国经济总量才能与美国持平。

第二,传统强国对中国经济"份额侵蚀"的抵制与恐慌感在急剧上升。近年来,在澳大利亚、德国的媒体舆论中,常常能听到对中国的捧杀、棒杀声,时不时地出现对中国领衔的新一轮全球化的批判、反对声。在未来,如何在贸易、金融、产业等政策上协调与这些传统强国的关系,并不是一朝一夕就能做到的,而是高度考验中国对外政策的耐心、恒心与精细度。

第三,中国发展面临着"社会期待过大"的压力与风险。按照十九大要求,中国今后 3 年要重点抓好防范化解重大风险、精准脱贫、污染防治三大攻坚战。这意味着中国正在完成西方发达国家从未实现过的国家发展目标,即快速崛起进程中不发生金融危机、全面消除绝对贫困、不走先污染后治理的老路。在这个过程中,中国社会舆论的期待值普遍提升,对国家发展的诸多纰漏也会非常敏感,全球舆论也会以显微镜的方式洞察中国。如何调适与回应社会预期、真抓实干、脚踏实地，真正实现人类从未有过之伟业，需要漫长而细致的工作。

第四，中国本身的价值观与社会理念很难在短期内令全球心悦诚服。当代中国的社会核心价值观实际上仍处于不断整合的阶段，包含着数千年来中国传统文化、近代全球化背景下的西方文明以及新中国建立后不断探索、发展形成的理念三者之间的融合贯通。要呈现并令世界接受一个明确、清晰且完整的"当代中国价值"并非是轻而易举的事情。

中国崛起进入了"新时代"，正在实现对世界格局与国际体系的重新塑造。但综上所述，国际体系的真正重塑微妙且艰难，正在进入漫长的"持久战"，这意味着中华民族的伟大复兴也进入了需要 30 年左右的"持久战"、"拉锯战"中。

要打国家崛起的持久战，首先必须拥有战略耐力，长期保持对竞争对手的谦虚学习心态，以及对后进国家的帮扶支持做法。戒骄戒躁，取人之长补己之短，也与他人分享经验与成果，是像中国这样的新型崛起大国持续发展的根本之道。

在这个进程中，中国必须成为真正的"全球角色"（a real global actor）。中国要善于与美国周旋，善于与传统强国博弈，更要深度了解次区域的强国，知道在次区域内的行为规则与尊重对象。对那些过去不在中国对外战略重心中的国家尤其要加强研究与交往。

"全球角色"需要有真正全球视野，而全球"公域"博弈恰恰是大国崛起的新增长点。在网络、太空、海洋、极地等过去国家博弈的相对真空地带，或许拥有从未想象到的潜力。

总之，过去 5 年，中国国内外环境局面好于预期，但在社会期待上升、传统强国焦虑、改革矛盾加剧等因素下，未来中国发展或许更艰难。对此，中国崛起进入了"精耕细作期"，从过去重视"量"的增长要转型升级到"量质并重"的高质量崛起进程中。只有拥有这种"持续战"的心态，永不松懈，中国崛起才有最终成功的可能。

（作者是中国人民大学重阳金融研究院执行院长；《环球时报》2018 年 1 月 9 日）

中国科技，别吹上天莫贬入地

袁岚峰

对中国科技实力的评价，一向是个热门话题。在美国对中兴禁运芯片之后，这个话题的热度更是达到了一个历史高峰。许多人从中认识到了核心技术的重要性，认识到了不是所有东西都可以买到，认识到了自主创新是国家的根本。这些是正面的效应。不过，也有不少错误的想法和做法还很流行，我们正好以此为契机澄清一下。

一种常见的错误是胡乱吹捧中国的实力，动不动就谁谁震惊，谁谁慌了。经常有人给我转来各种"震惊体"的文章，问我怎么看，真有些不堪其扰。一个典型的例子是中微半导体设备公司创始人尹志尧的遭遇。隔三岔五就有文章这样报道他："刚刚，这位中国老人，突然回国，美国人彻底慌了！""中国再一次在核心领域突破技术'无人区'，弯道超车，率先掌握 5 纳米半导体技术！"尹志尧称，这些夸大报道搞得他们很被动。中微不是制造芯片的，是为芯片厂提供设备的。他们多次要求把文章从网站撤下，但过一些时候，又改头换面登出来，实在令人头痛。

芯片制造有很多道工序，中微做的是其中的一环，叫做蚀刻机。在蚀刻机这一环做到世界领先当然很好，但中国在许多其他环节依然是落后的，甚至在有些领域是一片空白。媒体的炒作，对尹志尧来说，不但是浪费时间，牵扯精力，而且会影响商业利益，扰乱企业经营。这实际上是损人利己。

另一种常见的错误是反过来，把中国说得巨弱无比，认为所有讲中国成就的宣传都是假的。在这些人看来，中国前几年"吹牛吹大了"，"到了中美贸易战的这一天，我们才发现，一些吹得神乎其神的科技神话、工业神话，真的是神话"，"中国以为在某些方面已经超越美国，那是假象"。我们不妨把这类文章称为"神话体"。

那么，中国的科技进步是神话吗？答案当然是否定的。

我在许多地方介绍过中国领先世界的科技领域。例如抗疟疾的特效药青蒿素，屠呦呦为此获得了 2015 年诺贝尔生理学或医学奖。又如杂交水稻，为世界人民解决吃饭问题，袁隆平为此获得了 2004 年的沃尔夫奖。又如超级计算机，现在排名第一的是中国的神威太湖之光，第二是中国的天河二号，第三是美国的泰坦。又如量子保密通信，中国 2016 年发射了世界第一颗量子科学实验卫星"墨子号"，2017 年开通了世界第一条量子保密通信干线"京沪干线"。

总体上，中国排第一的科技领域虽然不是很多，但总是有一些，而大多数国家是一项都拿不出来。如果问中国排在世界前列的领域有哪些，那这个名单就相当长了，实际上包括大多数领域，例如卫星导航系统、航天、手机等。

许多人有一个误区，就是看到中国强的地方，就极度兴奋，而看到别的国家比中国强的地方，例如美国的芯片，就极度沮丧。这些人虽然知识水平和思辨能力相对较低，但立场还是希望国家好的。奇葩的是另一些人，看到外国比中国强的地方，就产生一种"兴奋"，认为这说明讲中国成就的那些宣传全是假的。

必须强调一下，这些反应都是错误的。世界是非常复杂的，科技是非常广阔的。中国在很多领域做得不错，同时美国或其他国家也在很多领域强于中国，这两者之间并不矛盾。我经常批评中国的不足，介绍其他国家的成果。但是一码归一码，中国实际取得的成果还是应该承认。如果你一定要数不出一个外国比中国强的地方，才能承认中国有成果，那你等于是把标准抬高到了一种荒诞的程度，好比在奥运会上，如果一个国家没有包揽全部金牌就一无是处似的。没有任何国家能达到这样的标准，也没有任何理性的决策是基于这样的标准做出的。说得再大白话一点，好比现在有1000个科技领域，中国在100个领域领先，美国在800个领域领先，那么正常的反应是承认差距，继续努力。而许多人的反应，却或者是把中国领先的全部抹杀，或者是把美国领先的全部抹杀。

成都武侯祠有一副著名的对联："能攻心则反侧自消，从古知兵非好战。不审势即宽严皆误，后来治蜀要深思。"如果你问，对于中国的科技宣传，对于中兴事件的反应，应该是硬的好还是软的好，积极的好还是消极的好？那么回答是，这些都不是关键，关键是，不审势即宽严皆误，不实事求是就怎么都不好。

把中国吹上天的"震惊体"和把中国贬入地的"神话体"，看似针锋相对，其实在本质上是相通的，都是由于无知和懒惰，对世界做出一种最省力、最简单的解释。省力的结果就是像哈哈镜一样，把现实照得面目全非。实际上，这些人的目的不是对世界获得深入的理解，而只是情绪的发泄。有一个基于游戏《英雄无敌3》的笑话形象地说明了这种感情需求：

一个农民走到"城堡有限公司"的总裁办公室门口，问守卫的枪兵："请问，十字军总裁在吗？"枪兵告诉他："十字军是二代的总裁，现在已经下台了。""知道了，谢谢。"农民微笑着走了。

第二天，这个农民又来问枪兵："请问，十字军总裁在吗？"枪兵说："我已经告诉过你了，十字军是二代的总裁，现在已经下台了。""知道了，谢谢。"农民微笑着走了。

第三天，这个农民又来问同样的问题，枪兵暴跳如雷："我最后告诉你一遍，十字军是二代的总裁，现在已经下台了。你到底想要干什么？""没什么，我只不过想再多听几遍这个好消息。"农民微笑着走了。

你看，"震惊体"和"神话体"的读者都是这样，并不关心真实的世界，只是想多听几遍自己想听的消息。最滑稽的是，这两种文章还互相以对方的存在作为自己存在的理由，好像众人皆醉我独醒。

在不同的观点之间，真正的区别不在于是捧还是踩，而在于是否实事求是。一个观点不会因为它是褒就自动正确，也不会因为它是贬就自动正确，只会因为实事求是而正确。只有在客观认识现实的基础上，才能根据现实而不是想象来决策。而为了客观认识现实，关键就是要提高科学素养，既要了解具体的科学知识，也要了解科学的思维方式。

（作者是中国科学技术大学合肥微尺度物质科学国家实验室副研究员、科技与战略风云学会会长；《环球时报》2018 年 5 月 14 日）

今天为什么还要讲艰苦奋斗

吴 波

一个历史时期有一个历史时期的流行话语，折射出不同历史时期的社会风尚和价值取向。作为新中国第一个 30 年的流行话语，"艰苦奋斗"曾深深激励和感召中华儿女投身建设社会主义强大中国，有力地推动了中国现代化和社会进步的历史进程。时过境迁，今天我们不仅告别了短缺经济的历史时期，人工智能等科学技术的发展也在很大程度上降低和减少了劳动的辛苦。在一些人看来，今天再提"艰苦奋斗"似乎没有必要了。这一话语逐渐褪色的趋势，不能不认为是一个必须严肃对待的课题。

认为艰苦奋斗已经不合时宜的观点，直接引出如何看待艰苦奋斗当代价值的话题，其实质是将艰苦奋斗与特殊时期的客观条件相联系，隐含着艰苦奋斗阶段性意义的看法。艰苦奋斗究竟是不是一个没有现实性的话语，其实不难回答。艰苦奋斗是我们这个民族优秀传统文化的精华，正是"艰难困苦，玉汝于成"的深深植根，才有了"一不怕苦、二不怕死"的革命文化硕果；正是对"历览前贤国与家，成由勤俭破由奢"的深切把握，毛泽东在新中国成立前夕才提出"务必使同志们继续地保持谦虚、谨慎、不骄、不躁的作风；务必使同志们继续地保持艰苦奋斗的作风"的谆谆告诫。

当我们将艰苦奋斗作为一种民族精神时，就意味着它是一种超越时空、超越客观条件的存在，具有普遍性和独立性的特征。不畏艰难困苦的奋斗精神作为艰苦奋斗的内核已经上升为中华民族的精神气质和思想境界，深深融入中华民族的血脉之中，成为我们这个民族区别于其他民族的标志和象征。

关于艰苦奋斗当代价值的思考，蕴含强烈的现实针对性。市场经济在发挥中国现代化加速器作用的同时，也在很大程度上助推了物质主义、享乐主义和奢靡之风。一段时期以来党内"四风"横行，是与对艰苦奋斗精神的鄙夷和放弃相联系的，集中反映了党风不纯的严重程度。党风决定社会风气，一些人不法致富和一些人渴望一夜暴富，从根本上说都丧失了对艰苦奋斗起码的尊重。而艰苦奋斗精神的淡出，也从一个侧面反映了在市场经济条件下建构新的文明类型的复杂程度。

艰苦奋斗是不应告别的，尤其在美好生活的需要日益增长的时期。关于美好生活与艰苦奋斗之间的一致性需要辩证理解。美好生活固然离不开物质的充裕，但也不完全为其所决定，主要与对生活积极、肯定、愉悦的感受相一致，最终表达为精神层面的幸福，按照马克思的话说叫人的自由而全面发展。而这一层次，却是现实世界不少人忽略了的。幸福是奋斗出来的！索取和等待成就不了真正的美好，只有奋斗滋生的精神愉悦和内心平静，才可以称得上真正的幸福。

当然，今天提倡和弘扬艰苦奋斗精神不是去鼓励大家重新吃糠咽菜，更不是鼓励人们劳作过度放弃应有的休闲，而是强调工作和生活理应保持的品质和作风。种种案例说明，有的官员只是将艰苦奋斗挂在嘴边，这不仅说明个人主义、享乐主义依然根深蒂固，也说明形式主义依然在危害党。生活中无时无处都充满了比较，当不劳而获大行其道、一掷千金成为时尚，艰苦奋斗就会尴尬地退让一旁。这也反映艰苦奋斗的氛围塑造，必须联系劳动地位的维护和财富分配的调整，可不是喊几句口号就能形成了的。

（作者是中国社会科学院研究员；《环球时报》2018 年 6 月 5 日）

中国崛起需要怎样的哲学指引

田文林

国家间的博弈和竞争很大程度上是战略境界的竞争。一个国家战略水平的高低，首先取决于其对国际政治基本规律的把握程度；而能在多大程度上认识和把握这些规律，又取决于用何种哲学思维作指引。尤其在核武时代，大国间直接爆发战争的可能性空前下降，大国间竞争日趋转向战略竞争。

美国学者约瑟夫·奈说："我们的选择显然受到我们头脑中的价值观念、偏好以及理论等的影响，这种影响可能显而易见，也可能是朦朦胧胧的。"不管承认与否，研究者总是自觉不自觉地依据某种理论认识客观世界，一旦理论范式和哲学体系出了问题，研究者便可能以偏概全，甚至本末倒置，误导国家决策。因此，以何种哲学作为理论指引，直接决定战略思维和研究水平的高低。

这种哲学思维优劣之争，首先就是唯物论与唯心论之争。许多西方理论都存在唯心论倾向。西方历史可以说是唯心主义的历史，因为西方所依赖的是根据理论建立的模型。在《理想国》中，柏拉图运用与现实完全无关的神话与想象，构建了一个理想中的政府，而一旦架构完成，这个理想的政府模式便在现实世界中付诸实践。在西方国际关系理论中，现实主义、理想主义、建构主义是最流行的三大学派，现实主义接近唯物主义，但喜欢用静止、机械的形而上学眼光看问题，比如沃尔兹所说的"结构"就是静止不变的，因此它可以解释常态性现象，却无法预测新事物的产生和旧事物的衰落灭亡。理想主义和建构主义，则是"明目张胆"的唯心论。

用唯心史观引导和观察世界，就像从镜子中看世界：表面上它观察到的与现实世界无限逼真，但终究是"水中月，镜中花"。用这种歪曲现实的唯心主义指导外交战略，只会缘木求鱼。

苏联在没有外敌入侵的情况下，却像纸房子一样自行崩溃，根本原因就是苏联的指导思想出了问题。在西方形形色色的和平演变宣传下，苏共领导人放弃了马克思主义哲学指引，消解了社会主义的正当性和正义性。苏联高层从否定斯大林到否定列宁，直至戈尔巴乔夫在"新思维"指引下否定"十月革命"和社会主义制度本身，最终导致苏联解体。同样，近年来美国"单极霸权梦"破灭，国力转衰，也与哲学的贫困和战略思维的拙劣有关。美国由盛转衰的转折点，就是2003年的伊拉克战争。这场战争的指导思想——新保守主义，本质上是一种唯心哲学，其最大缺陷是用主观去衡量客观，无视意图与能力之间的巨大反差。

值得警惕的是，以美国为首的西方大国，在全球推销以唯心论为指导的发展药方，结果导致其他国家丧失自主发展能力。

政治上，典型表现就是灌输西方民主，将上层建筑层面的民主制度吹得天花乱坠。一旦对象国上当受骗，将"民主化"作为实现发展繁荣的决定性因素，结果往往是政局动荡、经济萧条，"阿拉伯之春"变成"阿拉伯之冬"就是典型例证。经济上，则是大力推销新自由主义教条，将其描绘成提高经济效率、实现更快发展的关键。事实上，这种理论是一种纯逻辑的推演学说，它剔除了两个重要维度——时间维度和空间维度。脱离特定背景谈论自由贸易或市场竞争，就像医生在没诊断的情况下讨论治疗方法一样不靠谱。这些抽象原理被运用到复杂现实中，带来的往往是残酷的剥夺、饥荒和严重的社会问题。在社会文化领域，美国成功打造出一套以"现代化理论"为核心的社会科学体系，这种理论体系巧妙镶嵌了美国价值观，第三世界国家只要接受"现代化理论"，便会自觉不自觉地走上以西方为模本的发展道路。放眼世界，真正按照这种"现代化"药方实现有效发展的国家，寥寥无几。

有比较才能发现真理。相比于形形色色的唯心论，马克思主义建立在唯物主义基础之上，更接近客观本质，可为提升研究水平提供正确的理论指引。人类生存每天都离不开衣、食、住、行等物质必需品，只有吃饱穿暖，才能追求更高层次的精神生活。国家的生存和发展遵循同样的逻辑。能源、粮食、领土等基本要素得到保障，国家才能长治久安，民众才能安居乐业。当年西方国家走"上坡路"，其指导思想都是唯物主义。毛泽东说过，"英国曾经出现了培根和霍布斯这样的资产阶级唯物论者；法国曾经出现了'百科全书派'这样的唯物论者；德国和俄国的资产阶级也有他们的唯物论者。"新中国能在短短几十年内从农业国变成工业国，乃至成为世界第二大经济体，就是因为我们始终坚持唯物主义立场：先是通过工业化，为积弱积贫的新中国打下钢筋铁骨，实现"站起来"的目标，进而通过改革开放"富起来"，并正在实现"强起来"。

当前，中国比历史上任何时期都接近世界舞台中央，同时面临的挑战也比以往任何时候都更复杂。正所谓"行百里者半九十"，中国比以往任何时候都更需要坚持唯物主义哲学观。在当前中美贸易战背景下，中国更应认识到，发展壮大民族工业才是制胜之道，为此我们必须坚持自主创先战略，为中国崛起提供源源不断的动力。

（作者是中国现代国际关系研究院研究员；

《环球时报》2018 年 7 月 9 日）

国际秩序未来的方向

傅　莹

　　当前，对国际秩序未来发展方向的讨论很热。世界将再度走向"新冷战"吗？中国如何选择？在 21 世纪第二个十年即将进入尾声之际，中美贸易战及其产生的综合影响像一面镜子，折射出国际形势的起伏变化以及美国这个大国的思维和行动带来的不安。

　　不过，人类社会已经发展到了今天这样高的文明水平，理智告诉我们，没有必要陷入悲观。在第七届世界和平论坛上，不少嘉宾都谈到对国际形势的看法和对未来的判断，一些观点令人印象深刻。

　　首先，世界政治权力分散化的趋势比较明确。大家都承认，已经不可能由哪个大国独霸世界，即便是最强大的国家也必须同其他国家合作处理国际事务。与此同时，国家权力受到国际组织和其他非国家行为体的削弱和掣肘。以联合国及其相关机构为基础的国际秩序虽然存在这样那样的问题，但仍然得到国际社会的普遍支持。

　　第二，经济全球化大势不太可能逆转。尽管逆全球化和保护主义动向表现得比较明显，但无可否认，全球化做大了世界经济的蛋糕，促进了科技和文明的进步，各国都从中受益。自上世纪 80 年代以来，世界经济增长了 3 倍多，所带来的红利惠及几十亿人。因此，绝大多数经济体仍坚持自由贸易的方向。同时发生的是人文交流的扩大。据经合组织（OECD）统计，全球有超过 500 万的学生在本国之外接受教育，相信他们和绝大多数年轻人都不会支持世界退回分裂割据状态。

第三，世界总体和平有望得到维持。尽管国际安全局势复杂，存在国家间争议、核导扩散等各种各样的问题以及太空、网络等新领域里的新挑战，但没有哪个国家想以全面战争的方式解决问题。在分歧面前，外交发挥着更大作用，各国能谈判的还在谈判，该克制的尽量克制。就像习近平主席4月在博鳌亚洲论坛年会演讲中指出的，"当今世界，和平合作的潮流滚滚向前。和平与发展是世界各国人民的共同心声。"

关于秩序问题，大家普遍关注下一个秩序应该是什么样子的。旧的秩序已经不能完全应对当今世界的所有问题，但新的秩序还没有明确图景。现实情况一方面是，包括美国、中国、俄罗斯和一些欧洲国家在内的许多国家都不同程度地面临挑战，需要专注于处理和解决内部问题，一些国际问题也是国内问题外溢的结果。另一方面，大国间的矛盾和分歧更加突出。美国开始强调竞争、弱化合作，导致其对外关系中的负面因素更加突出。

面对这样的局面，中国该做什么选择？中国的对外政策服务于国家基本发展战略的需要，着眼于维护世界和平，促进国际合作。中国不会改变基本对外政策，而对美政策则是中国整个对外政策的重要组成部分，

美国对华政策的调整目前看似乎已经完成了"半个圆"，即对调整的必要性有了一定共识，但对"后半个圆"，也即向哪个方向调整，似乎还不清晰。未来美国的调整在很大程度上将取决于中美互动的结果，也会受到世界大势和与各国互动的影响。如果中国一如既往地坚持原则，以建设性方式解决各种矛盾和挑战，应该也能对美国对华政策的走势产生正面影响。

今年是中国改革开放 40 周年，中国经济的增长相当程度上得益于对内不断改革和完善市场环境，对外坚持扩大开放。其实美方，包括欧盟等在经济贸易等领域提出的一些要求，也恰是中国基于自身发展需要正在努力改革和完善的方向。例如，在知识产权保护方面，中国全国人大常委会多次修改完善著作权法、商标法和专利法，国务院和最高人民法院出台了配套法规和司法解释等，形成了知识产权保护法律体系。人大常委会还在 2014 年做出决定，在北京、上海、广州设立专门的知识产权法院，加强司法保护。

国际安全始于国内安全。中国在国内治理上的不断提升和完善将为中国与美国和其他国家的合作提供更好的基础。中国也将以更加坦诚、务实和开放的态度参与全球化进程，推动改革现行秩序、完善全球治理。

习近平主席提出的构建人类命运共同体主张体现了大智慧，有深厚的中国文化根基，也有鲜明的政治立场。其要义是，世界上的事情大家商量着办，共同的利益大家一起维护。通向人类命运共同体的路需要携手前行，千里之行始于足下。

不少学者认为，联合国和安理会在国际安全治理上的作用应得到尊重，但不足以应对所有安全问题。而美国主导的安全同盟是封闭和排他性的，同盟之外的国家面临如何保障自身安全利益的问题。以朝核为例，美国不断强化自身和同盟国的安全保障，包括举行大规模联合军事演习和强化经济制裁，同时却拒绝谈判，结果刺激朝鲜在核导开发上越走越远。但当美国开启对话，明确表示要认真考虑朝鲜的安全诉求时，就出现了柳暗花明的机会。虽然朝美对话结果如何仍难预料，但关键问题是显而易见的，只有把各方安全利益都考虑进去的解决方案，才行得通。

在当今世界所有具体安全问题上，都存在一个是寻求共同安全，还是通过损害对方安全追求己方绝对安全的矛盾。如果各方都承认未来的世界是要实现和平共存的，就需要走出自身利益的小圈子，搭建一个更为宏大、更具包容性的安全框架。

现在出现的问题是，美国人越来越担心中国要挑战美国的主导地位，中国人担心的是美国试图遏制中国的发展。这样的扭曲反映在许多问题上。比如在贸易领域，中国人看到的是美国企业从中国获取巨大利益，而美国人却认为自己在对华贸易中"吃亏了"，甚至强行增收关税，这在中国被看作是霸凌行为。我们需要重视和着力解决中外相互认识扭曲的问题，并且避免新的矛盾积累，减少对中外合作的干扰。

世界对中国的作用有期待，同时也有担心。中国人似乎缺少主动说明自己的习惯和经验，国际信息库里关于中国的一手信息严重缺失，例如在海外学校、图书馆乃至书店里，来自中国大陆的出版物少之又少。中国人正越来越意识到国家国际地位的上升和肩头国际责任的增加，因此需要更快地学习和提升开展国际传播的能力。很多事情，自己不主动讲，谬论和误解就会大行其道。就像在这次论坛一位专家说到的，中国人要学会去说服别人。这里确实存在方法和技巧的问题。

（作者是中国社会科学院国家全球战略智库首席专家，文章基于在第七届世界和平论坛上的午餐演讲，内容有删节；《环球时报》2018 年 7 月 19 日）

中华共同体与人类命运共同体

潘　岳

习近平总书记首倡"构建人类命运共同体"，呼吁"建设持久和平、普遍安全、共同繁荣、开放包容、清洁美丽的世界"。这是新时代中国共产党人立足中华共同体传统，针对国际社会的共同问题提出的中国方案。中华共同体既是政治共同体，也是民族共同体，更是文化共同体，具有丰富的理论内涵与实践特征。这将为广大非西方国家选择合乎自身传统的发展道路，为促进世界多元文明的交流互鉴，为淬炼构建人类命运共同体的"共同价值"而提供中国经验。

中华文明"政治共同体"的独特政制之道。中华文明"政治共同体"不是西方理论模式的"复制"，而是马克思主义与中华文明深度融合的产物。

首先，中华文明"政治共同体"根植于中华悠久传统。中华文明是世界上唯一以国家形态发展至今从不断流的文明形态，即使遭遇重大挫折也没有分崩离析，根子在于政治共同体。大一统政治共同体通过建立集中的政制结构、确立稳定的政治中心、强化民本思想、完善科举制度等制度实践，塑造了国土不可分、国家不可乱、民族不可散、文明不可断的政治底线。

其次，中华文明"政治共同体"重塑于马克思主义中国化进程。马克思深刻批判资本主义国家为"虚假共同体"，主张建构国家与社会和谐共生、个体与集体共同发展的"真正的共同体"。由此，社会主义中国必须坚持立党为公、执政为民的政治伦理；必须强化人民民主，以人民为中心，全心全意为人民服务；必须重视追求团结、讲求实效的协商民主；必须实行中国共产党领导的多党合作与政治协商制度，促进整个社会的大团结大联合。

第三，中华文明"政治共同体"升华于中华民族复兴征程。从革命到建设，从改革到复兴，正是因为中国共产党代表了最广大人民群众的根本利益，把人民对美好生活的向往作为自己的奋斗目标，才能够成为统揽各方力量的政治中坚，才能够实现中国从站起来到富起来到强起来，才能够不断巩固壮大超大规模的中华文明"政治共同体"。

中华文明"民族共同体"的民族和谐之道。中华文明由中国各民族共创共传共享，形成了悠久的"民族共同体"传统，充分体现了鲜明的民族和谐交往之道。

中国各民族历史上虽然不乏冲突，但最终都在不同阶段铸就了中华民族共同体。在先秦，商族起于东夷，周人起于戎狄，由夷狄而入华夏以主中原。在秦汉，秦人出于西戎而一统六国，汉朝设置"都护"经略西域。在隋唐，经过魏晋南北朝以来的胡汉交融，王朝统治者一改以往"贵中华、贱夷狄"的民族歧视，代之以"爱之如一"的平等态度。宋代到清代，王朝统治者提出"皆是国人，不宜有分别""胡汉一家""华夷无间"等思想，创制一系列因地制宜、因俗而治的民族宗教法规和管理体制，奠定中华民族多元一体大格局。

中华民族共同体的发展史清楚表明，每一次民族大融合都促进了国家大一统和中华文明大发展；每一次国家大一统和中华文明大发展都强化了民族共同体意识。其和谐之道在于不同区域的农耕、绿洲、山地、草原文明的交流交融；在于不同民族的政权对于先进文明的主动选择弘扬；在于中华民族多元一体格局始终具有不断完善的制度实践与体制支撑。

中华文明"文化共同体"的包容开放之道。中华文明之所以没有随着盛衰兴亡而断流中止，之所以能够遇强则强与时俱进，始终得益于中华文明是一个"文化共同体"，海纳百川，包容开放。

一方面，中华文明以文化认同塑造文化共同体。判定一个民族是否是中华民族大家庭一员的标志，不是种族，不是血缘，不是地缘，而主要是文化。无论是作为"多元"的源头，还是作为"一体"的支撑，少数民族不仅是中华文明的接受者，更是中华文明的创造者。

另一方面，中华文明兼收并蓄会通外来文明。历史上，先有印度佛教的传入，后有西方基督教、伊斯兰教传入，中华文明均对其接纳吸收，形成了儒释道三教合一的中华文化主干，变外来宗教为中国化宗教。近代以来，面对西方重大冲击和挑战，中国最终选择了马克思主义，开启了马克思主义与中华文化相结合的历史进程，融多样族群于一体，汇多元文化于一炉，走出了一条中国特色社会主义道路。

中华文明"命运共同体"的和平发展之道。中国人最爱讲同呼吸共命运，中华文明最推崇"协和万邦、四海一家"，这为全人类建立祸福相依、安危与共的"命运"纽带，构建命运共同体提供了丰富的历史经验。

第一，中华文明追求天下大同，从无海外殖民。中国自古讲道义、重怀柔，崇尚"远人不服则修文德以来之"，反对穷兵黩武与扩张征服。历史上，中国与周边国家建立的是礼尚往来的朝贡体系而非掠夺性的殖民体系。新中国成立以来，中国也更多地是靠自身力量实现发展，而不是靠对外转移矛盾或攫取资源。

第二，中华文明崇尚推己及人，从无强迫他人。中华文明"命运共同体"精神，始终强调"己所不欲、勿施于人"的理念，强调"将心比心""推己及人"的同理心。

第三，中华文明坚持不往而教，从无文化霸权。中华文明从不进行强加于人的文化输出，更不推行以自我为中心的文化霸权主义。我们坚持文化多样性，绝不将自己的价值观强加于人，绝不会一厢情愿地输出意识形态。中华文明共同体传统显然具有处理大规模人口、多文明形态共处共融的历史经验，显然可以弥补西方文明的诸多短板，可以为人类命运共同体的构建提供中国智慧。

（作者是中央社会主义学院党组书记、第一副院长；《环球时报》2018 年 12 月 24 日）

现代化是当代中国最大的政治

房　宁

今年是改革开放40周年。近40年前，邓小平说过一句意味深长、意义重大的话："社会主义现代化建设是我们当前最大的政治"。关于政治有许多定义，孙中山先生说过：治理众人的事便是政治。毛泽东说过：政治就是把朋友搞得多多的，把敌人搞得少少的。那么究竟什么是政治？那就要看是面对什么形势，针对什么问题了。概念是思维的工具，工具的选择是根据任务来的。邓小平说现代化是最大的政治，是针对当代中国面临的最根本问题和任务讲的。

40年前，我们国家刚刚走出"文革"泥沼，经济社会文化一派困顿，远远落后于外面的世界。40年来，改革开放改变了中国和中国人民的命运，工业化、现代化建设为中国带来了跨越式发展，中国正在富起来、强起来。在现代化进程中，中国的民营经济从无到有、从小到大、由弱变强，为经济社会发展提供了巨大动力。民营经济与国有经济一道构成了中国发展的两翼和双轮。

如今40年过去了，在取得巨大进步的同时，中国的社会结构、思想文化、意识形态也发生了广泛而深刻的变化。利益的多元化和思想的多样性是中国社会的重要变化。近来在中国的舆论场上，对于改革开放，对于民营经济、民营企业家有了不少议论和质疑，概括起来有三大论调，即民营企业"原罪论""限制论"，甚至还有"退场论"。

这类论点显然不应受到舆论推崇，更不能成为政策。

为什么不能接受质疑和否定民营经济的论调，为什么说这类论调是错误的？首先让我们来看看当前中国所处的发展阶段和我们面临的根本任务。当今中国处于什么发展阶段？十九大报告说得很清楚，这就是"两个没有变"："我国仍处于并将长期处于社会主义初级阶段的基本国情没有变，我国是世界最大发展中国家的国际地位没有变"。只要是处于"两个没有变"的发展阶段，中国社会的主题就依然是加快实现国家的现代化，发展就依然是"硬道理"。邓小平近40年前讲的现代化是最大的政治就没有过时。

一个时期以来，舆论十分关注中美贸易战。美国为什么要在这个时候发动贸易战？大家都知道，是因为中国发展了，中国正在追赶美国。另外一个原因大家可能关注不够，那就是中国还不够强。美国正是看到了中国的追赶和中国还不够强的事实，看到了依然对中国有巨大优势的时候，选择了对中国下手，要对中国的现代化来个"半渡而击"。

人们常说，现在以经济规模（GDP）而论，美国世界第一，中国第二。这是事实，这个说法对鼓舞中国的士气有好处，但也容易形成一个误导，以为中国和美国在经济"赛跑"中仅差了一位，是冠亚军之差。其实中美之间所谓"第一、第二"之说只是数字上一个抽象概念，这样描述中美经济差距是十分不准确的。今年美国GDP将超过20万亿美元，这相当于中国、日本、德国，也就是世界GDP排名榜上第二、第三和第四名的总和，而且多出第二名中国近一倍。不仅经济规模上美国遥遥领先于世界，美国的科技水平和创新能力更是令人望尘莫及。中国经济在发展阶段和水平上与美国经济有着质的差别，而不仅仅是老大、老二的数量关系问题。

行百里路九十半。现在中国正处于实现现代化最后的最关键的阶段。这个阶段的发展并不是"凯歌行进"。多年来，我从事政治发展的比较研究。这项研究工作告诉了我，一个国家的现代化越是接近成功，遇到的困难和问题反而会越多，风险会越大。许多国家的工业化、现代化都是在取得一定进步后半途而废的。那些国家半途而废的一个重要原因是，现代化带来了多元化，多元化中产生的利益集团的扩张性利益诉求，由此形成一种专注发展成果的"分配性激励"趋势。这一趋势发展起来导致了社会矛盾大幅上升，社会议题从专注生产转向瓜分成果。一旦出现这样的状态，一个国家的工业化、现代化往往就要功亏一篑。

我国民营经济随改革开放一路走来，一部分民营企业家也随之富裕起来。如何看待民营经济和民营企业家，首先应该从改革开放的大局着眼，以现代化是中国最大政治为根据。讲到民营经济，人们常说"五、六、七、八、九"，即目前民营经济贡献了50%—60%税赋，产值占全国 GDP 的 60% 以上，申请技术专利占总量 70% 左右，提供了80% 以上的就业岗位，90% 的农村进入城市的转移人口在民营企业就业。显然民营经济已是中国经济的半壁江山，离开民营经济和民营企业家哪来的中国经济发展与成就?!

11 月 1 日，习近平总书记在民营企业家座谈会上充分肯定了民营经济和民营企业家在我国社会主义现代化建设中的贡献和地位，他明确指出：民营企业和民营企业家是我们自己人。在一些质疑者看来，民营企业家是一种异己的力量，这是大错特错了。实现现代化是当代中国最大的政治，是中国人民根本利益所在。民营经济、民营企业家在中国现代化建设中做出了巨大贡献。他们的贡献为了谁，给了谁呢？当然是中国的现代化，当然是中国人民！不把为国家和人民做出巨大贡献的群体当作自己人，那么您又是谁呢?!

实现国家现代化是我们全体中国人的共同利益、根本利益，是我们民族前途命运之所系。在最终实现国家现代化和实现民族伟大复兴的道路上，我们要团结一致，要调动一切积极因素，不仅是民营企业家，一切为中国现代化贡献力量的人都是我们自己人。

（作者是中国社科院政治学研究所所长；

《环球时报》2018 年 11 月 8 日）

责任编辑：刘敬文
装帧设计：王欢欢
责任校对：吕　飞

图书在版编目（CIP）数据

环球时报年度评论选 . 2018 ／谢戎彬，谷棣 主编 . —北京：
人民出版社， 2019.7
ISBN 978－7－01－021036－0

I.①环… 　II.①谢… ②谷… 　III.①时事评论－中国－文集
IV.① D609.9–53

中国版本图书馆 CIP 数据核字（2019）第 136723 号

环球时报年度评论选（2018）

HUANQIUSHIBAO NIANDU PINGLUN XUAN 2018

谢戎彬　谷　棣　主编

人 民 出 版 社 出版发行
（100706　北京市东城区隆福寺街 99 号）

北京盛通印刷股份有限公司印刷　新华书店经销

2019 年 7 月第 1 版　2019 年 7 月北京第 1 次印刷
开本：880 毫米 × 1230 毫米 1/32　印张：10.25
字数：246 千字

ISBN 978－7－01－021036－0　定价：36.00 元

邮购地址 100706　北京市东城区隆福寺街 99 号
人民东方图书销售中心　电话（010）65250042　65289539

版权所有·侵权必究
凡购买本社图书，如有印制质量问题，我社负责调换。
服务电话：(010) 65250042